正义的梦想

吴大勤　著

暨南大学出版社
JINAN UNIVERSITY PRESS

中国·广州

图书在版编目(CIP)数据

正义的梦想 / 吴大勤著. —广州：暨南大学出版社，2013.11
ISBN 978-7-5668-0769-4

Ⅰ.①正… Ⅱ.①吴… Ⅲ.①法官—生平事迹—中国—当代 Ⅳ.①K825.19

中国版本图书馆CIP数据核字(2013)第224736号

出版发行：暨南大学出版社

地　　址：中国广州暨南大学
电　　话：总编室(8620) 85221601
　　　　　营销部(8620) 85225284　85228291　85228292(邮购)
传　　真：(8620) 85221583(办公室)　85223774(营销部)
邮　　编：510630
网　　址：http://www.jnupress.com　http://press.jnu.edu.cn

策　　划：余　丛
策划编辑：杜小陆
责任编辑：史　阳
责任校对：卢凯婷
排　　版：中山市人口手文化传播有限公司
印　　刷：佛山市浩文彩色印刷有限公司

开　　本：850mm×1168mm　1/32
印　　张：5.5
字　　数：112千
版　　次：2013年11月第1版
印　　次：2013年11月第1次

定　　价：23.80元

序

写在不老的时光里

人是流动的，法院是发展的，时光是不老的。一个人如果与一项事业紧密地联系在一起，那将会常青。从县法院、市法院到市第一法院，这座庄严神圣的法律殿堂历经了逾一甲子的沧海桑田。心怀正义梦想，为社会公平作出贡献的人，人们不应忘记，历史不应忘记，把他们的事迹记录下来，既弥足珍贵又特有意义。

从 1960 年到 2010 年的 51 年里，薪火相传的 8 位老院长是他们中的最好代表，无论是生于斯长于斯或是来自五湖四海，无论在战争年代还是在建设时期，他们都以坚定的意志、满腔的热情，为着理想信念不懈奋斗。他们始终对人民忠贞、对党忠诚、对事业忠正。虽然经历和阅历各不相同，但他们都与这个法院息息相关、命运相连，为法院事业付出汗水与智慧，留下足迹和功绩。他们因法院而光荣，法院因他们而骄傲；他们因法院而厚重，法院因他们而鲜活。

展开书卷，老院长们可敬可亲的形象无不历历在目，仿佛就在昨天。生于水深火热战争年代的蓝远，从东江游击队到解放军，经过熊熊战火的洗礼，再脱下戎装辗转到地方工作；铁骨丹心的李金良，在淮海战役、剿匪斗争中出生入死，解甲后恰逢“砸烂公检法”的多事之秋，他力挽狂澜；刚正耿直的林明，作为英模代表一员受到中央领导人的亲切接见，情归故乡又成为法院建设的“开荒牛”；政法老将容显成，在公安、法院、司法、检察院奉献了40多个春秋，见证了中山政法工作的风云变迁，面对重大问题，他总是处变不惊，从容不迫；心系民间萧竹的孙敏，参加过土地改革，从事过公安工作，再转型为法官，担任院领导十多年还不忘亲自审理疑案难案，为人民群众解忧解困；清正朴实的杨佑生，在人生的跌宕起伏中，从列兵战士成长为法院院长，骑着自行车承载着老百姓的喜愁，走遍乡村田野，步进万户千家；坚韧忠诚的曹寸声，走过了17年的军旅生涯，带着军人的优良传统与作风到法院“当家”，使法院面貌焕然一新；刚健果敢的严一林，践行“严管、厚爱、规范、真实”的治院理念，把各项工作做得有声有色，为第一法院的接续发展奠定了基础。

文化因历史而深厚，因人物而丰盈。老院长们以大智慧大勇气处理纷繁复杂的世情院事，以人格魅力助推司法公信，永不止息地求真实践，孜孜不倦地开拓创新，成为后生晚辈的精神依归和境界追求，是法院精神的先行人、积淀者。总结历史，前瞩未来，我们确定“博识睿达，笃行至善”为第一法院精神，它是第一法院法官的魂和神。“国民之魂，文以化之。国家之神，文以铸之。”国如是，家亦如是，在如此优良传统和深厚文化熏陶浸润下的第一法院阳光灿烂。

感谢大勤不辞劳苦走访老院长，他克服陌生，洞察心灵，聆听沧桑。他用心写作，风格独特，行文有诗歌般的魅力，笔端闪现着拙朴而自然的奇妙世界，别有洞天，引人入境。他以窄门进厅堂，以小路抵大道，孤独而沉痛。寻访、探秘、论证，为历史建档，为苦难树碑。让我们看到生命力的强大，辨识绝境中的希望。他的文、他的字和他的诗可以那么具有抒情性和感染力，看来，艺术真是一扇奇妙的门户，让我们可以更全面、真切地走近一个人。与文字相处虽然艰辛，但艰辛的路上已收获成长和成功。

“法，本于仁，成于义。”让我们怀着正义的梦想，以神圣的天平托起“中国梦”。

是为序。

罗嘉浩

2013 年 6 月

目　录

蓝远：参加革命

乌云压城和天空落下的黑雨
你见到内心的光亮
雨水淋湿的村庄点燃大火
在马克思三月的河
今夜的暴风雨照耀星空
你窥见恽代英的浩劫悲猿鹤
和荒村绝稻麻
客家少年脱下单衣　引爆一场革命
枪炮声和骷髅狰狞的冷光
不能在山冈上唱歌
当你以一把锋利的刀
挥舞在邪恶的天穹
砍开地狱之门　阳光洒满你的路程

——《革命者》

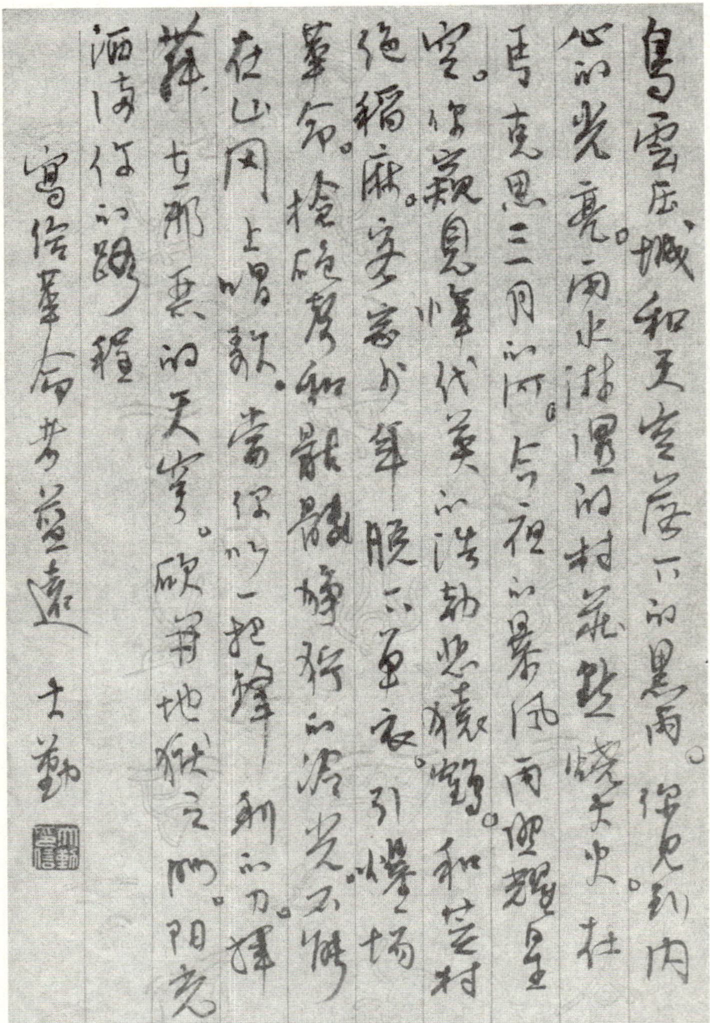

吴大勤/行草

写了很多人物，觉得仅有的那丝才情都被耗尽了，真不知怎样再去把一个人塑造得有血有肉。

一个老人，已是八十有七，身体尚可，但毕竟年迈，加上语言的关系，采访得甚是吃力。

后又造访了他的儿女，希望能找寻到更多的资料，结果却同样令我失望。

从那个冷冬到这个春天，我数次欲动笔又不知从何下手。这几年的写作尽管有着诸多阻障，均为我打通，我头痛地以为今年的写作一开始便有着尴尬，存疑了这一年是否是我的创作灾年？

我穷尽回忆这位革命老人，他慈祥、平和、亲切。住得简单，住所是一幢两层近似农舍的陋室，我记住了这是珠海斗门区的后山西36号。穿着朴素，灰布衣裳和鞋做工粗糙、低劣，但干净、整齐。吃得清淡，米饭和青菜是他喜欢的，常吃些大头菜和咸萝卜干，他的荤菜是五花肉和咸鱼。他常乐呵呵地说：“一粥一饭，当思来之不易；半丝半缕，恒念物力维艰。”

这个黑夜有雨，我蹒跚于野地，静山的古墓似有幽幽磷光，脑间有群鬼如哭，甚是凄厉。我遥想了一个文明古国，想起了一个个被推翻和建立起来的王朝和一个朝代的王以及渐积的专制。此时节，一阵暴雨骤至，电闪雷鸣里撕亮一方天空。这等哭泣疼痛的殇夜，想煮酒磨刀，抒九曲孤耿。

蓝远，我又想起这位前辈，这位让我难以书写的革命者。我脑间苍茫，想的是开国建国的波澜壮阔，一个人的沉浮颠沛和浓缩的家国巨变的青史。浪花淘尽英雄，浮世的风尘掩埋了昨日险峻的骨相，那些豪侠的面目已随时光远去。通过他的回忆文章，到其女儿蓝宝青家与她细聊追寻。顺着冥思的河，在沧海桑田里，叩问高天白云，拾起岁月的琐碎或晶莹。

显然，蓝远只是一个革命者，一个平平常常的革命者。或者他够不上一个英雄，但纵观横看今日那众多招摇的伪英雄，依然无法消减我对这样一位老人的敬仰之情。我使用革命一词和以“参加革命”为题，觉得这是一个特别响亮而有力度的词。我参军时，领导说这是参加革命工作；我团长的父亲是个领导干部，他填履历时写革命干部。革命行动是轰天动地的，毛泽东于 1927 年在《湖南农民运动考察报告》中以为，革命是“一个阶级推翻另一个阶级的暴烈的行动”。1927 年的 10 月，蓝远在梅州五华的潭下镇柏洋村降生，这一年“八一”南昌起义的枪声，拉开他一生革命的帷幕。

五华属山区，崇山峻岭，重重叠叠。蓝远是个苦孩子，8 岁时父亲病故。体弱的母亲是一个坚强的人，挑起了抚育六个小孩和照顾两个老人的重担。客家人重视教育，再苦再穷也要让一个孩子读书。蓝远是长子，便是习俗中被送入学堂、承载了全家希望的骄儿。蓝远开始上学，家里穷呀！他发愤读书，也知道母亲和两个弟弟的含辛茹苦。放学后，他有时下地干活，有时上山砍柴，有时还到河里抓鱼。童年的时光，他知道农业，懂得田间耕耘和汗水。

在那穷困、兵荒马乱的年代，辍学、歇学、停学，到 1948 年已是 21 岁的蓝远才勉强读完高中，那年月这是很高的学历了。

蓝远的家乡五华因为偏僻而免遭日本鬼子的涂炭，客家人历史上就有着与自然和强暴作斗争的血勇，小日本在客家地区也没有讨到更多便宜。他们在梅州处处遭到痛击，在五华附近转了一圈，被各个抗日团体打得晕头转向，终是踏不进五华半步。但日本鬼子还是派出飞机，对着当地学校和老百姓的房子一阵狂轰滥炸，学校被炸坏了，只好停课。日本鬼子也许看到这里是不毛之地，以后便不再出现。五华人民也算有福，幸免了小日本的烧杀抢掠，学校停课一段时间后便趋于正常。

五华是一个革命老区，革命的星星之火燎到五华，烧起热血青年的狂热。蓝远便很早接触了“革命”一词，在山里，他想象着浪漫期的革命。青年学生、知识分子在广场上和旗帜下进行集会演讲、游行示威。他的青春骚动，有着革命的反抗意绪和高涨的英雄主义。

中学的时光，蓝远接受了组织劳苦人民推翻旧社会制度的进步思想，并有着“国家兴亡，匹夫有责”的爱国情怀。那时学校里有进步团体和地下党，他的很多老师和同学都是地下党员，英语老师陈玛利很早之前就是中山大学地下党支部书记。蓝远受身边众多进步师生的影响，也点起了心中的一腔火魂。1947 年他加入了地下党领导下的学生运动，组织布置些秘密工作，集会阅读《华商报》、《燎原报》等进步报刊，在同学乃至社会中宣传革命形势，发动群众搞好民运工作。蓝远的母亲也受到进步思想的影响，支持儿子的革命，东江游击队的武工队还以蓝远家为据点，进行集会、宣传，武工队白天藏在蓝远母亲的房间，晚上出去偷袭国民党各个武装据点。蓝远收集社情和敌人的有关情况，物色进步人士，通知可靠农民开会。

这年春天，五华县城的山花开得鲜艳，只是岭上涧边有一片山兰未开先谢，蓝远拾花知兰怨。山雨欲来，这里好像要发生些什么事。

8 年抗战赶走小日本后，又面临严峻的内战。一夜，蓝远在教室里读一本进步刊物，文章是关于如何砸碎一个旧世界，建设一个新社会的，与“革命”有关。蓝远远观国事近看校园，国难当头，民族危机，革命好像点燃他心中的野火，他砸烂课桌，毅然参加了所在的五华第一中学配合全国“反内战，要和平；反压迫，要民主；反饥饿，要生存”的学生运动。他与进步学生一起，向反动校长开刀，揭露、列举校长陈培玮压制民主、贪污公款、实行法西斯统治和无理开除同学的恶行。

他参与散发革命传单、张贴革命标语、呼喊革命口号。和进步同学一起动员全校学生集会游行、示威请愿。一次大的游行示威，有反动同学制止号兵吹集合号，蓝远和进步同学上前揪住反对派的头目并与之理论，最后终于吹响了集合号。战斗的号角吹响，全校 1 000 多名学生蜂拥而来。国民党五华伪县长魏育怀闻讯组织大批军警，荷枪实弹，如临大敌。他们架起机关枪封锁路口，操起冲锋枪瞄准主席台。伪县长发话不准同学们上街示威游行。1 000 多名同学振臂高呼："要民主、要和平、要自由！"坚决响应游行示威。同学们不管军警的强力阻拦，举着横幅喊着口号，游行向县城十字街县参议会请愿，要求他们主持正义，惩办陈培玮。他们叫着"打倒陈培玮，陈培玮落台"的口号，伪政府迫于情势，只好让陈培玮下台。

1948 年蓝远高中毕业，一直以来，祖国饱受军阀混战、日本侵略、国共开战等人为灾难和自然灾害的摧残，人民生活处在水深火热之中。蓝远的青春少年，看着国家的重疴危难，想着救国救民，他的内心有着血流漂橹的刚勇，他想着消灭反动派，解放全人类，他要做一个职业的革命者。"男儿何不带吴钩，收取关山五十州。"这一年，正是战火纷飞的日子，他投笔从戎，改学名蓝汉中为蓝远，为实现解放全中国的远大志向参加了东江游击队，他有了一个革命战士的"远"。他后来写下一首叫《革命》的诗："抗日战争凯歌扬，革命洪流意志昂。决心紧跟共产党，投笔参军打老蒋。"那时他的革命，有着浪漫和激情，也带着些许文学的情趣和诗性。

他所在的东江第二支队，活跃于紫金、五华、龙川、河源一带，经常向国民党反动势力出击。蓝远积极参加各个战役，几次请缨袭击国民党警察所，表现甚为悍勇。他所在的东江纵队第二支队武工队，以南水区的潭下、大布坪、柏洋为基地，神出鬼没地与敌周旋。武工队时常以蓝远家为据点，发展知识青年、进步群众参加革命斗争。他们袭击警察所，打开国民党粮仓，救济当地贫民，并组织群众打倒地主恶霸，阻挠国民党征粮、征兵、征税。国民党反动派对此恨之入骨，却又无可奈何。

部队经常要与敌人周旋，行军打仗。每有困难，蓝远总是抢着攻坚；遇有战事，蓝远总是冲锋在前，体现了一个革命者的纯粹与激情、勇敢与无畏。

1949 年 3 月，他所在部东江第二支队四团在潭下锡坪与五华县自卫总队展开一轮激战。是月 1 日，自卫队总队长李端模率领 100 多人准备到潭下与警察大队汇合阻止解放军进攻五华县城。李端模从水寨取道小都，经锡坪往潭下。上午 10 时许，不可一世的自卫队进入了我部四团早已设好埋伏的伏击圈。王彪团长一声令下，顿时，手枪、步枪、机关枪齐发，敌人乱了阵脚，狼狈不堪。蓝远虽是文化教员，但每次战斗从不示弱，他端起上了刺刀的步枪，枪响人倒，枪法未必百步穿杨，但也一下撂翻数人。发起最后冲击时，蓝远更如猛虎下山，刺刀闪着冷光，吓破敌人狗胆。此役敌死伤惨重，连上校总队长李端模也被击毙，余部尽数被俘。

在部队，蓝远佩有两支枪，一支步枪是在打仗时使用，一支左轮是非战时带着，到地方后他只佩带一支手枪。枪是他的命根，随时随地都伴随着他。毛主席说，枪杆子里面出政权嘛！他知道夺取政权巩固政权就得靠枪杆子。

在进攻紫金县一役，蓝远也表现了一个革命者和知识人的智慧。紫金县城处于山高林密之地，四周有坚固的碉堡防守，地势十分险峻，易守难攻。我方经多轮的强攻智取，均不见效。在强攻中死伤了不少战士，蓝远亲手埋葬了牺牲的战友，看着一张张年轻逝者的脸，他内心翻腾着，更坚定了革命的信心。边纵司令员兼政委尹林平发动大家群策群力、集思广益。蓝远灵机一动，献上一策：攻心。随后，我军采取了政治攻势，宣传解放军的宽大政策，终使国民党少将紫金县长彭锐缴械投诚。

参加解放河源的战斗中，蓝远闹了个笑话。1949 年 9 月 14 日，他所在的二团三营七连，在山顶上排成一条长龙，用机枪和步枪向敌人猛烈射击。敌人的炮弹也如雨点般落在我方阵地，空中到处是手榴弹那优美而恐怖的弧线，爆炸声、枪炮声更是不绝于耳。蓝远提着步枪，一面小跑一面对着前方的敌人投出手榴弹，突然觉得整个脸部疼痛难受，滚将在地。排长急叫卫生员来抢救，蓝远站起来摆摆手，原来刚才冲锋时碰到一个马蜂窝，被群蜂一阵乱蜇。蓝远忍着疼痛，继续向前冲锋射击。经过数番拉锯激战，四天后，196 师又派出一个团增援。由于我军强大的攻势，国民党无力回天，终于撤出河源县城落荒而逃。解放军占领河源，在欢迎的群众队伍中，蓝远遇上他的一个表哥，表哥看到他肿胀的脸，以为他病了、受伤了。蓝远哈哈大笑道：“这是马蜂奖给我的勋章!”

在从东江游击队到解放军粤赣湘边纵队第二支队，后到第四支队连队负责政治文化工作期间，蓝远参与了解放紫金、五华、河源等多次战斗。1949 年 9 月 26 日蓝远所在部四支队奉命由博罗东渡紫金古竹，10 月 2 日参加了庆祝中华人民共和国成立大会后，司令员作了解放广州战斗动员令。10 月 3 日，挥师从古竹直抵广州，配合左、右路军共同歼灭防守广州之敌。之前，国民党 196 师、312 师、保安第三师、第五师残部逃往珠江三角洲沿海一带进行垂死挣扎。四支队奉命追击国民党残部，从东莞虎门乘船渡海经伶仃洋并于 11 月 1 日抵达中山。船到石岐张溪河面时，有国民党飞机在船的上空盘旋，对我官兵扫射轰炸，部队迅速隐蔽并予以炮击。至月底，逃窜到横琴岛的国民党残部纠集珠江舰队 10 余艘舰艇、1 000 人袭击唐家湾对面的淇澳岛。蓝远所在四支队一团对敌海战，经过两昼夜的激战，敌人负隅抵抗。后在两广纵队炮团的增援下，直捣黄龙，万炮齐轰敌舰，杀得国民党残部片甲不留，最后大获全胜。

解放战争结束后，1951 年，蓝远脱下军装转业到地方。先后在佛山、珠海、中山与斗门的公安机关和法院工作，继续他的另一种“革命”。

50 年代，蓝远先在佛山、后到珠海工作。蓝远在珠海县担任公安局副局长兼万山区委书记，珠海县成立于 1953 年 4 月 13 日，当时的主要任务就是镇压反革命，清剿土匪，与渔霸斗争并进行渔改。1954 年 6 月，蓝远接到有一股海匪在海上抢劫渔船的消息，便迅速带领干警乘船追捕，双方经一阵枪火交战后，海匪被当场捉获。蓝远亲自进行了审问，发现他们是一群悍匪，长期抢劫杀人。在弄清犯罪事实后，报上级批准，在唐家湾海边的沙滩刑场执行枪决。那时枪毙人是要先用绳子将犯人绑住，犯人被打死后再把绳索解下。在唐家派出所押送犯人到刑场的途中，一名海匪偷偷将绳索松开，在行刑时，该匪应声倒地，趁人不注意，松绑猛逃，被派出所一名女民警发现。她马上高呼其他干警将其擒拿，并将之击毙。

蓝远带领万山群岛的渔民发展渔业生产，成立互助组、合作社，引导渔民互助合作，共同富裕。五十年代万山群岛渔村，渔民贫苦，生产工具落后。多是风帆小船，摇橹舢板，破旧网具。他们在夜间出海捕鱼，白天回港休息。村里没有一间砖瓦房，全部是一家大小住在狭窄的小艇上，冬寒夏热，卫生条件很差，生活十分艰苦。

就是这样的环境，蓝远经常住在渔村中，与他们同生产同生活，也常与他们一同出海捕鱼。1957 年，万山群岛 6 个乡成立合作社 10 个，为了发展渔业生产，买大船、装机船。蓝远发动大家捐献投资，把家中的黄金、首饰、港币捐出来，装起了两艘 40 匹马力的大船，然后到深海捕鱼。蓝远生于山区，长于山里，行军打仗都在山地，登山爬坡如履平地，但到了水里便成了“旱鸭子”。尽管不谙水性，但他克服各种困难，与渔民一道出海打鱼，摇橹拉网。为了彻底改变渔民的生活，蓝远经常到海上第一线指挥生产。有一次他和副县长容文达带领渔民随渔船过港作业，船到汕尾时，被当地公安局一民警拦住船只，并要他们马上离开，不准在汕尾捕鱼。蓝远与之理论，说明从珠海万山群岛经香港外海、惠阳、惠东，几天几夜才来到这里。那民警不听解释，蓝远生气了，便要上岸找他们的领导。后经一番周折，才得以在汕尾渔场进行作业生产。还有一回，蓝远指挥组织渔船过港到广西北部湾捕鱼，由于遇到狂风暴雨，渔船被吹到了越南北方的海岛，被越南边检人员扣下，后经广西东兴县相关部门与越方沟通才得以放行。这一年，全区完成捕鱼任务 548 300 担。万山群岛渔场墨鱼也取得大丰收，成群的墨鱼游弋于海面上，蔚为壮观，一网撒下便可收几百至上千斤的墨鱼。

1958 年，中山、石岐、珠海三个县市合并为中山县，蓝远调中山政法公安部，先担任办公室主任，后任公安局第一副局长和县委候补委员。那时公安局 150 人当中只有两个高中生，蓝远算是这群英雄好汉里的“小秀才”。那时他也摇一摇他的笔杆子，报纸杂志上也常能看到他的名字。他还被聘请为《南方日报》的通讯员、《珠海报》的特约记者。

新中国成立初期，国民党不断派遣特务到大陆对新中国的社会主义建设进行破坏，残留的土匪恶霸也时常对社会进行骚扰。不少台湾特务潜伏到中山，不但窃取情报，也对交通要道、桥梁、水库搞爆炸破坏。特务分子通常从澳门经拱北海关入境，在澳门，他们有专门的特务机构；在沿海地区，有着大批的特务活跃分子，暗藏枪支炸药，随时进行破坏活动。那时，海关检查人员在检查过境行李时，还要面临被炸伤炸死的危险。一次，一特务从澳门与内地特务里应外合，偷偷把炸弹放在我公安机关的小汽车上，并在珠海翠微引爆，造成江门公安局一名侦察副局长不幸遇难。

50年代末期，国家经济开始不景气，国民党看准我国经济困难的时机，派遣大批特务潜入内地，发展秘密组织，大搞破坏活动。那两年中山的台湾特务甚为猖獗，他们引爆石岐工人文化宫、横琴粮仓，火烧万顷沙，到处窃取情报。蓝远时任公安局副局长，除了负责社会综合治理工作外，还负责对付台湾特务的工作。

蓝远住在孙文中路，一夜凌晨时分，正待入睡，忽听一声巨响，原来是其家附近的文化宫被炸。蓝远参与组织公安人员前往现场，文化宫门前的一根大圆柱处被炸出一个一米见方的大坑，附近商铺的玻璃尽被炸碎，对面冰室的一名女工当场被震晕。进行了现场勘查后，蓝远咬了咬牙：一定要压制敌特的嚣张气焰。

他参与组织人员展开侦查，很快便把女特务陈惠华捉拿归案。陈惠华是经过专门训练的台湾特务，受派遣潜入中山。时值冬天，身穿棉衣，把硝化炸药夹在棉衣内蒙混入关。在查清事实证据后，当地政府将其移交至法院并由蓝远亲自审理，经审理后，报上级法院批准判处其死刑。执行枪决之前，仁山广场上召开了万人大会，由蓝远主持公开宣判。

最终执行枪决是来年的春天，虽然那时国家困难，临刑前却还给犯人准备了红烧肉，这女特务虽然在受审时显得很顽固、宁死不屈，可要“打靶”了却一块肉也吃不下。生命诚可贵，人始终还是怕死的。

1960 年春节过后，蓝远到中山县法院任代院长。法院在上街里一处征来的大户人家住宅里办公，几个旧乒乓球桌拼起来便是办公桌。这里的环境有些田园况味，内有多间屋舍，有些阴暗，有的用来办公，有的用来住宿。还有着南方的潮霉味，天井似一个宽敞的晒谷场。后面是一个小山丘，松树苍翠，山花遍野。山坡下是一个大果园，种着很多香蕉、荔枝、龙眼和石榴。春天来时，整个祠堂溢满花香，成群的蜜蜂和蝴蝶在飞舞。

该法院旧址，改革开放后已拆建为高层住宅。

那时法院有 60 多人，法官、书记员大多是刚从战场走出的军转干部战士，且大都为男性，只有寥寥几个女同胞。下面乡镇，也设有不少法庭，人数很少，数石岐法庭人数较多，由副院长兼任法庭庭长。中山当时是有着 140 万人口的大县，社情复杂，阶级斗争和阶级矛盾尖锐。民事纠纷、土地纠纷、山林纠纷时有发生，一年能接到几百个案子。蓝远还兼任县里的三反办公室主任，要参与社会治安和反敌特工作。他对工作充满着激情和狂热，有着使不完的劲。他总是身先士卒，亲自办案、审案、定案。各庭审判员办好的案件，都要由其审批。遇到重大案件，还要经县委领导与公安、检察机关共同讨论决定量刑。当时没有刑法、民法，只是根据上级规定的有关政策视案情量刑判决，啥罪都要冠以反革命的罪名。每当有什么案件，蓝远是手枪一挎，骑上单车便赶到现场，南朗、小榄、三乡、坦洲哪里有情况，便往哪里钻。当时都是黄泥路，暑天尘土飞扬，下雨了一片泥丸。坦洲、神湾更属于偏壤之地，要坐船才能到达。蓝远经常是一身泥尘一把汗，俨然战争年代的一名战士。他刚担任院长就遇上一宗土地纠纷，板芙和大涌因为土地起争执，双方都准备了土枪土炮、刀棍缨枪，准备以械斗解决。蓝远亲自深入村中了解情况并进行调解，制止了事件的发生，也使得土地问题得以解决。

20 世纪 60 年代初期，台湾特务反攻大陆之心不死，派出多股特务潜入我国东南沿海地区。1960 年 9 月，一股 30 人的特务先由台湾到香港，再从澳门乘船到神湾。其计划攻打我神湾公社，捉我公社领导干部，然后再从海边逃跑。蓝远和时任县委副书记兼公安局长胡立本带领干警与当地海军配合打击特务，并获得成功。当武装特务抵达澳门，转乘渔船到海外三杯酒附近海面时，欲换乘小艇行驶，而海军急于消灭敌人，率先向敌开炮，一阵狂轰把敌特打得乱成一团，一部分慌不择路逃回了澳门，剩下的全部被干警擒获。此役虏敌 7 人，缴获枪弹一批。

至是年“十一”国庆，又一股武装特务企图从中山、新会、台山一带偷袭我政府机关。蓝远受县委指派，与新会公安形成合力，带领斗门派出所干警和五山民兵在崖门口堵截防守。武装特务刚靠近台山以东的海面，还未进入崖门口，蓝远一声令下，干警和民兵一阵扫射，数名武装特务顿时命丧大海。

那几年，台湾特务武装袭扰频繁，破坏行动不断，我百姓人心惶惶，闻特务而色变。我国政府对这些极具毁灭性的敌特也甚为痛绝，对之惩处绝不手软。对那些罪大恶极的，当斩便斩，格杀勿论。各公社经常召开宣判大会，张贴告示，处决了一批特务分子。那时候的布告，总是有红笔打叉的，布告后是院长蓝远的大名。每次执行枪决，蓝远总是亲力亲为。他带着干警去靶场踩点、熟悉地形、察看路线，或山脚下，或河岸边，或面对山坡，以保证射出的子弹不会误伤行人；确认哪里可能会出现混乱或闹事，哪个路口要拉上警戒线，派出干警把守。每次行动，他都会举一反三，周密部署，以确保万无一失。

审判台上，高音喇叭哇哇叫，相关领导讲话后，便是法院院长蓝远宣布对犯人立即执行死刑。蓝远如是判官，他的声音在喇叭里显得肃穆威严，犯人被干警拎着要笔直地站着，宣判后犯人大多面无血色，有的当场瘫倒，有的会吓得尿裤子。推犯人去行刑也是一个困难的过程，因为犯人已经不会走了，几乎是要提着去的。

对着魂飞魄散的犯人，一般要求只打一枪，必要时才打两枪，确保犯人毙命。之后还要把犯人翻过来，确认犯人死了之后，才能离开，如果没死，还要用手枪补射。蓝远总是全线跟进，生怕哪个环节出了差错。

1965 年后蓝远被调到斗门工作，此时正值“文革”，号召“砸烂公检法”。有人举报蓝远，说他是“反革命”，缘由是他与国民党有合照，这吓了蓝远一大跳。原来那是他中学时的一张合照，里面有一同学后来加入了国民党。蓝远摸了摸脑袋：革了一辈子的命，自己竟成了反革命！

还有人举报，蓝远家是大地主，理由是那时节人们饭都吃不上，他能读高中。那是个有理也说不清的年代，蓝远不容分说地就是反革命。他晚年写有一首诗《坎坷》，可以从中窥见那时的历史和他的经历。诗云："文化革命关牛栏，下放干校两年长。插田割禾艰苦干，还到五山农民当。"他先是到农村参加两个月生产劳动，后和公安、检察院领导四人被拉到斗门公社一个叫毓秀村的村子接受斗争。批斗了七天之后，送去干校劳动改造。

当时的干校设在白蕉六围尾，蓝远分在三连九班，住在水闸的一个石屋里。这石屋阴暗潮湿，靠近牛棚，住的都是有重大问题的特殊人物，被专人监管着，基本失去自由。他们白天劳动，晚上学习，接受各种审查。有一名学员不堪其辱上吊自杀，一名学员投河自尽。有更多的学员得了精神病，神经错乱。

蓝远在干校负责看一头大耕牛。少在乡间时，他便对牛有着特别的感情。上学时，他就学会犁田、耙田等农事，因此，连队的稻田被他耕得平平整整。蓝远在山上放牛，那是苦闷而孤独的日子，他与牛为友，对牛倾诉。为了打发那苦难的年月，他买了一本万山草药书，通过学习实践，居然认识了一百多种草药，对其性能药效、防病治病的方法有着心得体会。干校里到处是竹林，大片大片的竹不知有没有让疲惫不堪的蓝院长怀有如郑板桥的高洁之昭，他觉得这竹林让他得到了洁净、宁静，他坚信自己是一个干净的人，他学会了用竹篾编织簸箕、鱼篓等生活用具，其工甚巧甚细。劳动，慰藉他的心灵；学习，灵动着他的思想，他在苦难里找寻到乐趣。

他还懂得自己找乐，和几个同蹲牛棚的棚友一边放牛一边到河里捉鱼捞虾，或煮或烤来吃，别有一番滋味。“明日断头又如何?”他有了豁达和放旷。

干校毕竟是改造的地方，自然有着它的苦难性。蓝远也经常要参加一些重体力的劳动，如抬电线杆，那电线杆有 2 000 多斤，要十几二十人才抬得动，由于人多用力不均，重心有时会落到一个点上，人很容易被压伤。蓝远就在一次抬电线杆时不小心脚打滑，左手被压伤造成骨折。那种钻心的疼啊，蓝远的额上沁出了汗，干校的头儿居然不让看医生。好在遇到一位懂跌打的乡亲，用草药为他疗好了伤。

他依稀记得 1969 年元旦这一天，北风呼啸，冷雨绵绵。其他学员都放假休息，他们住石屋的几十个特殊分子要到只有六七摄氏度的河里挖淤泥，冷水漫过大腿，裤头被浸透。一股寒意从脚底钻到心，嘴唇紫了，双手麻了，他们清除了一个上午的河泥，下午还要继续。“高天滚滚寒流急”，呵呵，他笑得有些苦涩、无奈。

说到这些，老人总试图避开，不愿去过多回忆这段伤痛。王光美从来不回忆那三洞七孔的年月，她无法跳过这种重创。人们更多地愿意埋葬过去，如我的父辈，肋骨都被打断了却从来不曾说起。于我以为，历史的真相不可能还原，罪恶也难以清算。那些投机的获利者欺天瞒人地妄谈什么宽恕感恩，荒唐又可耻。淡仇如负义，忘情即寡恩，虚情的罪恶者是没有耻感可言的。面对一个是非颠倒和整体歪曲的世界，我见过喋血寻仇，并以为快意恩仇也是革命者的正业。但我仍赞同知道但不说出或失忆这种人生的哲学。何况，这世界谁对，谁错？

妻子有多少的担忧，儿女在夜里伤怀。千年珠泪病寒死，枯木一叶愁夜深。五更寒夜，想起儿女和故乡，他有了更多牵挂。这时候，他隐隐觉得对不起儿女，以前为了工作，他没有陪他们逛一次公园，也少与他们共进一餐。节假日，把他们反锁在小屋里。儿子卫海曾问他，着火了往哪里逃。他只瞪瞪眼睛，无言。或许他只想着工作，想着革命。

他去北京学习回来，为女儿买了一本小人书，女儿宝青对其珍爱有加。之后书被邻居家一个姐姐借去，居然弄丢了。她气急伤心，让那姐姐赔了五毛钱。当夜他把女儿从梦中打醒，痛斥孩子骗人钱财，拉着女儿到邻居家向人退钱道歉。想到此，蓝远苦笑，感到不知是不是苛刻了。蓝宝青后来在行政单位从事人事工作，尽管这世界已天翻地覆，有了多少猫腻，她说想起父亲，就不敢收别人一分钱要人家一丝礼。

但当看到蓝天，他的心便是朗空，他相信人间正道。蓝远始终是一个怀着真善的乐观革命者，“豺狼笑我也不哭”！

阴霾过后，他是一个从冬天醒来的孩子。他一切的莫须有得到了平反，他回到斗门担任法院院长，之后又到劳动局、政法委等部门从事领导工作。一个革命者，始终有着革命的情怀，坚持原则，实事求是，不计较个人得失。

蓝远还记得两次见到毛主席的情景。1964 年他到北京中央政法干校学习，3 月的某天周恩来总理访问亚非 14 国归来，他代表干校学员到机场列队欢迎。更令他高兴的是，毛泽东、刘少奇、朱德、邓小平等国家领导人都亲往机场迎接。有点庆幸的是，列队时他被安排在前排，可以近距离见到这些令他无比敬仰的时代巨人。遗憾的是，前排的风很大，刚列好队时他的帽子被风刮走，他去拾帽时风恶作剧般把帽子吹得滚雪球似的跑，直到 20 多米才拾回来，闹出一个洋相。还好，虽然不能与毛主席握上手，但总算看到老人家挥手致意，看到他脸上慈祥的笑，也看到了周总理走下飞机的优雅和风仪，他感到温暖而幸福。

同年 7 月下旬，干校学习班即将结束，毛泽东、刘少奇、朱德和周恩来等中央领导人在人民大会堂接见政法干校全体学员。这次蓝远被安排在第二排，毛主席和其他国家领导人来到接见厅，问校长赵国威来了没有，原来赵曾是毛主席的警卫员。全体学员欢呼“毛主席万岁”，在绕场一周时，毛主席与前排的学员一一握手。真遗憾，蓝远又一次无法与最高领袖握手。

在那个火红的年代，总会有着一种革命的单纯的情结。

1989 年，蓝远离休，离开了他心爱的工作岗位。他好像是已将革命进行到底了，不，他还老骥伏枥，壮心犹存。他同样从事着法律工作，为政府机关做着法律顾问。闲暇时游山玩水，一览国内外大好河山。闲来写些诗文，回忆过去的岁月，记录对生活的感悟。

他数度回到他的家乡，回到他战斗过的地方。家乡的山山水水有着他太多的记忆和留恋，他捐款为家乡修桥补路，为学校购买各种设备和图书。他想回到那个柏洋村，那个背后是山前面有着一条河的村庄，唱一首客家山歌。他要看那里的山岭葱茏，那里的稻谷高高堆起。

行文至此，我突然觉得我的眼睛失神。我多么想再与这位前辈和他的后人多聊一聊，到他的故乡、到他战斗过的地方走一走。

某一个黄昏，我与蓝远徜徉在一条小河旁，看残阳如血，落霞满天，老人悠闲丰足。看这世界无所不在的苍白，我感觉到一种痛楚的富足，内心被无情地灼痛，面对具体和物性，在望绝天涯的绝，天空终是空空荡荡，我的文字不能横无际涯。

李金良：八千里路云和月

杜甫是富有的　三千首豪华的诗歌
和铺了三层茅草的屋顶
你除了属于无产的阶级
一无所有还是一无所有
父执故去　慈母多病不能缝补你的旧衫
你拿起枪杆子周游列国
从齐鲁到岭南血战疆场
八千里路云和月
你漂泊在王勃的落霞
打狗打狼打盗寇　看恶魔如何猖狂
风化的国恨家仇
一番征战功成的记忆
浪淘尽的英雄　赢得的阶级是无产

——《无产阶级》

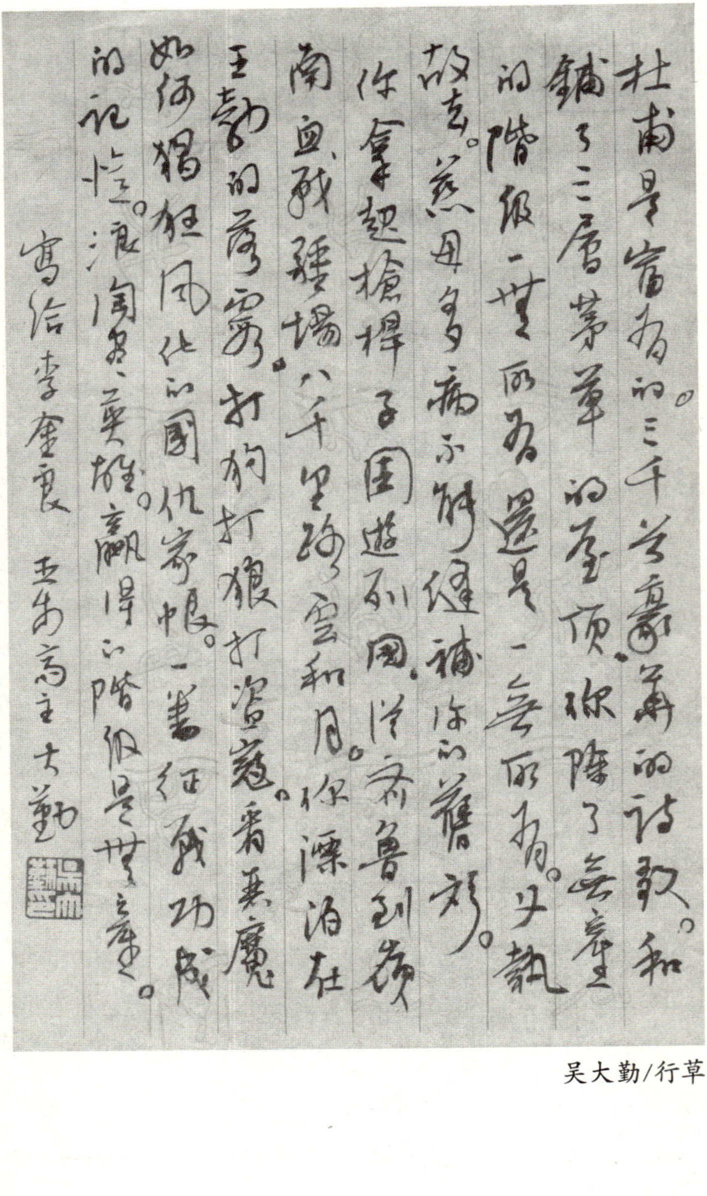

这个春末，还没准备好，在朋友山庄的寮或亭子里，午后的阳光密匝匝地照来，我就与这位南下老革命相遇。甫一见面，他便握紧我的手，很谦逊地说自己是“文盲”、“老粗”。他的爽朗和直率马上感染了我，因为他是中山市 1972 年恢复公检法的首任法院院长，我是后法院人，便打趣地叫“文盲院长”，他哈哈地笑着拍拍我的肩膀：“文盲院长，好！”

我也是一介武夫，从戎廿载，自觉是个蛮子粗人。以贺卫方的观点，军人是不应该到法院的。纵观中华军史，军队其实就是没有文化的团体。过多文化介入这支军队怎么打仗、如何打胜仗，因此尔等莫笑军人少礼数不谙吱歪，那些专家、教授、博士们文化幌子下不知又有几多斤两？大多所谓“精英”，直如汪精卫类只是图利卖国的急先锋。

我仔细打量这老院长，高个，大耳大眼大鼻子，眉骨微隆，这是麻衣相法里贵格之兆。虽是 86 岁的高龄，仍见俊朗的脸廓，声如洪钟，抑扬顿挫。好一个山东汉子，痛快！

老院长李金良开讲：“我先讲三点，第一，当兵当对了，转业转到中山转对了，在政法委离休离对了；第二，旧社会没有被饿死，战争年代没有被打死，历次运动没被整死；第三，明白如何工作、如何做人、如何认识问题的真谛。”

他说得字正腔圆，铿锵斩截，极具思辨性而富有逻辑。他目光如炬而有神采，坚定果断而屠人妄欲，这是一种人格精神和魅力。有一束光芒掠过我的眼前，我一个老文字客似是被忽悠了，尘世间还有这样的文盲吗？

李金良滔滔不绝地细说当年，思维敏捷，丝丝入扣，环环呼应，一气侃了三个小时而意犹未尽。让我又看到了那个嚣张的年代，那些革命者金戈铁马，气吞山河的气概。我隐约觉着一只雄鹰在天空中嘶鸣，一个青春生命在战火纷飞的岁月横刀立马、“痛饮狂歌空度日，飞扬跋扈为谁雄”的飞扬。看到生命的血，生命的火，生命的光荣与不朽……

一

山东省东明县曾直隶河北省，1949 年新中国成立后先归平原省，后属河南省再后归属山东省，所以有坐地不动归四省之说。东明县地处鲁西南部，黄河南岸，是黄河入鲁第一县，数千年来屡受河害，沉溺难免，遂致有时暂废，有时又修复重建。多年来河水泛滥形成的盐碱地，雨天水汪汪，冬天白茫茫，庄稼长不旺，家无隔夜粮。

在军阀大开战的 1927 年 2 月，东明县肖楼村李家添了一个男丁。这个在兵荒马乱中出生的李金良今生便与战争、与共和国的浮沉紧紧相连。

连年征战，国穷民苦。除了两间破草屋，李金良家一无所有。饿，在他记事起便为他张开一片恐怖的网，如毒蛇缠在他的颈脖。每天，饥肠辘辘，从无荤食饱肚。平时，靠捡粪便换些钱粮；收割季节，跟在人后拾一些遗落的稻谷；冬天，饥寒交迫，到山上挖野菜、摘树叶来充饥。李金良八岁，父亲把最后的一碗稀粥留给子女，自己便在疾病和饥饿里走上黄泉路。次年，哥哥也在饥饿的道上爬都爬不动了，然后走到生命的尽头。亲人的离去，留给金良幼小的心灵撕裂的痛。他常常饿得眼冒金星，有一次重感冒，没钱买药，加上没有食物，他瘫在床上。母亲怕他饿死，便向堂叔借两升小麦，谁知这堂叔竟刻薄地要她半个月后还上一斗的小麦，母亲气得直流泪，粮也不借了。金良奄奄一息，看来熬不过这个冬季了，母亲伤心而嘤，好在一个邻居送来了一些米面，小金良总算脱离死神的掌控。

当他 17 岁的时候，岁月的风霜，日子的饥饿，野菜和树皮也把他锤打成一个彪形大汉。也许他该思考自己的出路了，少年金良最大的理想就是填饱肚子，有饭吃才是硬道理。

读书，是他的奢望，连活着都无门，还敢想去认字算数?

呼啸山林，与绿林好汉打家劫舍，也可混口饭吃，但这充满耻感的事岂可为!

革命去！

他见过小日本的烧杀抢掠，见过国民党的搜刮虐民。后来村里来了共产党的军队，为老百姓挑水劈柴扫地，态度和蔼又可亲。金良每次遇到这些大军，他们总是温和地嘘寒问暖，还宣传革命的道理。他的四叔原来是村里的民兵，后来参加了八路军，也常跟他讲这支队伍是老百姓的军队，为全国人民的翻身解放谋幸福。

1945 年 8 月，已近日本鬼子的末日，李金良光荣参加了中国人民解放军。

二

当新兵时，李金良分在东明县大队，一个地方武装部队。那真是一个“土包子”的部队，生活很艰苦。有吃——馒头、窝窝头和面条，可还是吃不饱，有时还断粮。没有军装、没有背包、没有枪支弹药。后来配了两颗手榴弹，李金良像宝贝一样把玩，但没有弹袋没有任何东西装手榴弹，行军起来真不方便。他把一个裤腿撕下，把手榴弹包着别在腰间。再后来发了枪，但只有三发子弹。这样的配置真要打起仗来难有胜算，他们这些新兵蛋子有时搞搞训练，更多的是去磨嘴皮宣传共产党和解放军的政策，农忙时节也去帮老百姓搞生产劳动。敌人来了，势单力薄，不能硬碰，唯有一阵游击或溜之大吉。

李金良成了个半老兵，便有枪有弹有面包，还有了土不拉几的军装。他十八岁的青春背着步枪，迈着正步，甭说有多神气了。

战士，首先要勇敢，不怕死。选择从戎，李金良除了想着填饱肚子，当然也想过为国捐躯、战死疆场。既然走上了让挨饿的穷人翻身做主人的道路，那就当决绝，将革命进行到底。战争，选择了这位热血男儿。他在与敌人遭遇的每一场战斗中，总是冲在前面，从不惧死。在 1947 年开春攻打东明县城的那场战斗里，李金良脸上长了一个大疮，红肿疼痛，右眼角还不时地跳着。他家乡有左眼跳福右眼跳灾的说法，但他一腔热血报家乡，坚决拒绝了领导让他到黄河北住院的安排。看到他参战心切，领导叫来了卫生队长，卫生队长取出剃刀，用火一烫，剖疮取脓，再以纱布包之，李金良便跟着队伍参加了攻城战斗。他冲锋陷阵，悍勇顽强，最终我军一举拿下城池。

1947 年 6 月，李金良分到五分区独立团，这时候与国民党军队的战事多了起来。国共之间，共产党军队一直处于弱势，小米加步枪就是共军的基本家当。赶走小日本后，国民党欲以先进的美式武装，三个月拿下解放军，消灭共产党。毛泽东面对气势汹汹的国军，闲庭信步地提出三年打败国民党的计划。尽管国民党对我军攻势猛烈，但并不见得强大，毛泽东正通过广大的人民群众打一场伟大的解放战争。

为了避其锋芒，李金良所在部经常行踪不定地与国民党玩捉迷藏。他们个个都是夜猫子，常在月黑风高的夜晚急行军。每到一地休整一两天后便撤，常以“敌进我退，敌退我进”的游击战或麻雀战术干扰敌人、消耗敌人，然后一举歼灭之。但在戏弄敌人的同时我军也常遇到强敌，多次中了他们的圈套。

一次独立团刚在一个村安营扎寨，就被国民党的骑兵师发现，大批的骑兵冲进村子，把我军打个措手不及。敌骑兵师或长枪或大刀，见人便砍。炊事班那个老班长和几个小伙正要生火做饭，便被飞驰而来的敌骑兵从背后一阵乱刀砍死。指战员连背包也来不及背上提着武器便撤，翻过村边的围墙有一片高粱地，高粱地是我军打麻雀战的好去处，他们作鸟散状钻进这迷藏区里，然后边转移边与敌军周旋，你骑兵部队纵是千里神驹又奈我何?

淮海战役要打济南时，李金良所在部队受命狙击敌人的增援部队，他们不分昼夜行军埋伏，打听敌人行踪，牵制迷惑敌人。有一晚，部队刚在一个地方安顿好，派出的侦察兵发现四面八方都是国民党军队，还有大批的装甲车。糟糕，被敌人包围了。当时李金良是团政委的警卫员，政委 50 岁开外，矮小精明，大军压境他临危不惧。在这高天滚滚寒流急的冷冬，他召集队伍，撕开上衣，从李金良手中拿过手枪，他光着膀子慷慨激昂地作动员："我们被数倍于我的敌人所包围，保存实力，安全撤离是我们当前的要务，我们往东方向突围!"此时已是枪炮之声大隆，李金良跟着政委左冲右突。炮弹落处，他拉着政委便往炮落点旁边趴下。这是他的战场经验，爆炸物一般向上蹿飞后再作弧状散开，躲在炮弹旁是最为安全的。

此役伤亡惨重，1 000 多人的部队剩下 600 人，还有很多伤病员，部队迅速调整，化三个营为两个营，并迅速转移到一个村庄，把重伤人员安置村中。然后团领导商量，将部队转移到敌人想不到的陇海铁路，这个路段是敌占区，越危险的地方越安全。生死攸关，豁出去了。

部队败走麦城，疾驰狂奔了一夜。他们找到一个野地准备稍息炊事。尚未安顿好，便听到一阵枪声，部队唯有继续突围行军。

在局势紧张的转移中，日夜争战，大家已是两天不进饭食。实在累得不行要睡着了，便狠拧一把自己的脸以保持清醒。走不动了，拽着马尾巴让马拖着走。但马也征战多日了，常失前蹄，所以便常出现人仰马翻的现象。敌人的炮弹还是跟着部队轰隆隆地炸，不少战士倒下了、受伤了。李金良困累饿，他睡着了，梦中见到家中门前开满鲜花，房子里堆满麦子，母亲老泪纵横等着他归来。一阵刺骨的冷让他醒来，是战友的血在他手上凝成了霜。一看周围，尽是牺牲和受伤的战友。他擦擦眼，扶起身边受了重伤的战士，战友摇摇头，不行了，肠子都出来了。

他想站起来，双脚如铅。冬日的残阳照在牺牲战友的尸身上，如血般悲怆。他吃力地顺着马蹄足迹追赶部队，太饿太渴了，马蹄洞里不管是尿是水，他捧起便喝。走着走着，李金良看到远处桑树地有一辆敌装甲车，敌军正向他招手。他咬咬牙，狗日的，想让老子当俘虏，我正等着引刀成一快呢。正在想着，我军部队来了，他遂得以脱身跟上部队。

淮海战役时，他是独立团的通信班长，李金良所在部接受破坏铁路的任务，以阻止敌军增援部队。连日来，他们拔掉了十几里的铁轨。

一次，他们又去执行破坏交通线拔铁轨的任务，到了目的地正待开工，听到有些动静，他们窝在麦地里。“叭”一声枪响，一发子弹从他帽檐飞过，他打了个激灵，敌人已经有准备盯上他们了。撤，他叫着旁边政治部主任“5号”的番号，看到他趴在原地不动，蹲下一看，脑袋血淋淋的，脑浆溢在脖子上。原来，刚才从他眼前飞过的子弹打到首长的脑门上了。哎，没有保护好首长，李金良为此十分难过。

三

大多数革命者的初衷是为了混饱肚子，然后在部队教育下才有了理想信念。仍有不少人在长期腥风血雨的艰难岁月里瞻前顾后怀疑革命，对全国解放失去信心。李金良从参加革命的那天起，好像便是为了革命而来，尽管时势动荡，他从不动摇，铁定做党的人。

他的四叔，鼓励他参军报国的人，自己却因部队艰苦，打仗危险，想家，想老婆、小孩，后来便开小差跑回家。李金良有一个与他一起入伍的同乡战友，他们同在一个班里，同一个战壕对敌，同一个铺位睡觉。冬夜，他们对躺在地铺上腿对着腿以身体互相取暖，把衣服搭在被子上。他们每晚轮流站岗2个小时，北风呼啸，天寒地冻，更兼军衣单薄。冷呀，十指钻心地冷。如果不跺脚，牙齿便要打战，两脚都要冻僵。如果想动一动热热身，又怕敌人发现。这位同乡战友，实在受不了这等苦难。一个雪夜，他撂下枪杆子便当了逃兵。

革命战争考验军人的骨性，艰苦生活检验战士的立场。那时候，对逃兵的处罚也是不轻的，但仍有不少软骨头。那一年，又有几个战士开小差开溜，李金良和排长奉命到黄河北抓逃兵。排长就是黄河北的人，在抓逃兵途中，遇着他老婆。他老婆身着单衣，面黄骨瘦，正患着重病，她已经很久没有饭吃了。排长神情恍惚，他哭了，对李金良说："我老婆太可怜，我要留下来照顾她。"排长也很矛盾、痛苦。

次日醒来，排长不见了，他看着排长留下的枪愣了一阵。对着冰天雪地，他想，逃兵没寻着，排长又当了逃兵，他有点困惑。但这并没有动摇他革命的信心，他扛着两支枪，放开脚步，寻找他要为之献身的部队。途中从他村口附近经过，他想起了年迈的母亲，真想回去看看她老人家。但是，他要及时归队。渡过黄河，寻找了一个多星期终于找到部队。领导看到他对革命的忠诚和执着，给他记了功。

部队要南下之时，可能会面临更多的困难，遭遇更多的战事。李金良的指导员与他同一个县，是他的入党介绍人。指导员有文化有见识、能说会道，经常教育李金良坚定革命理想，要经得起战争的考验。部队要去南方了，指导员吃不下饭，他把战士们送上火车，与大家招招手：你们去吧，我要回家！李金良瞪了他一眼，心想：这鸟人，平时教育别人要坚定信念，自己却当逃兵。

副营长也溜了，他害怕客死他乡，他割舍不了他的老父亲、他的老婆。

更可恶的是团长的警卫员，趁部队开往南方的时候，带着团长的老婆跑了。

李金良也想家，想母亲和他体弱的姐姐，但他把这种思念埋在了心里。当兵四年后，淮海战役结束时他才回了一趟家，母亲身体一直不好，还满身长了疥疮，奇痒难当。她满头白发，脸上皱纹纵横，看到儿子她眼泪便像断了线的珠子。儿行千里母担忧。他走上前线，母亲的心都碎了，病一天天加重，一闭上眼睛就看见李金良的身影，好像听到门外有人在叫“娘”。现在，儿子能骑马挎枪打国民党了，壮实了，也出息了。他见母亲伤怀痛哭，心里真不是滋味儿。然而革命尚未成功，李金良还要踏上征程，还要与坏人斗争。

没上过学的李金良明白一个道理，母亲的苦也是天下人之苦，没有革命者的流血牺牲，穷苦人难以过上好日子。他们要继续流血流汗，为的是让全国人民过上好日子。

泪水浇灌的村庄，辛酸了母亲的心。混浊的黄河从这里流过，没有带走乡亲的忧心和绝望。

这是一片贫瘠的土地，被霜雪打疼。村里只有妇孺和残疾者，那些青壮年都在异乡，不是流离失所，便是浴血疆场。

冷风中母亲的白发飘扬，母亲不仅贫穷而且患有疾病，她太苦、太可怜了。

面对母亲，李金良双腿跪下，泪水奔涌而出。

告别母亲，他离乡南下，没有回首。

新中国成立后，李金良当了干部，他给母亲买了很多布料和好吃的东西。结婚后，把母亲接到身边。他为母亲做好吃的东西，为母亲洗脚梳头，极尽孝道。母亲高寿 93 岁而终，金良可谓尽忠尽孝矣！

四

淮海战役后，北方的大片地区都解放了。而南方仍有着大批国民党的残部以及占山为王的绿林土匪。“打过长江去，解放全中国”便是当时北方军队的呼声。

南下不是想象中的一呼百应，很多干部觉得革命胜利了，就该过好日子了，现在突然又要南下，离家那么远不说，能不能回来还不一定，所以就千方百计不想走。南下，肯定是意味着艰苦与牺牲的。李金良所在的部队更是盛传着南方天气热，面饼贴到墙上就能烤熟。山上的蚂蟥专往人身上钻、吸人血，蚊子大得像巴掌一样，一叮上便红肿疼痛，治也治不好。还有满地的毒蛇，人被咬了就没命。那诸多的软骨头和胆小鬼就是在那个时期当了逃兵，在革命即将夺取胜利的时候，他们不能领受胜利的荣光而接纳了逃兵的耻辱，终身背着羞耻的十字架。

南下作为一种大势，容不得个人太多的选择，李金良好像根本就没有去考虑，党叫干啥就干啥，他随大军飘蓬万里，夙兴夜寐，以他坚定的步伐从北国走向南方的战场。

当毛主席在天安门城楼宣布中华人民共和国成立的时候，李金良所在部队正行进在江西境内，浩浩荡荡地向贵州地区挺进。

愈往南，国民党军队愈见多，他们头顶上经常有敌军的飞机在盘旋，有时还会引来敌军机枪的扫射。

终于到达了目的地——贵州惠水县，李金良分在十七军随营学校的警卫排。随营学校是俘虏和新兵学习训练的地方，校长由一个师长担任。兵力只有一个排6个班，李金良是排长。惠水属贵州的中南部，北邻贵阳，西及安顺，多为布依族和苗族，民风彪悍古朴。全国解放了，这里没解放。这里土匪猖狂，另外还有大批的国民党军队。国民党和土匪都在对付共产党，他们在造谣说共产党的坏话，让老百姓对解放军有敌对情绪。这里的地主恶霸、土豪劣绅和国民党残部有“反共救国委员会”、“惠水反共救国军”等组织，有着6个防剿区。土匪常夹在老百姓中，部队正在做群众工作，突然会有几个反共分子的枪口对着你的脑门。

1949年11月23日晚，李金良所在部队在惠水县城北的米弄山，攀上兴隆观控制北门，另一路进占牛场坡，控制老场坝，两路夹击攻城，国民党保警大队不战而溃。24日凌晨我军占领国民党惠水县政府，解放了惠水县城。

李金良他们初到惠水，不熟地形、社情，通过广泛发动群众，摸清国民党和土匪情况，然后加以歼灭。

有一次与一股土匪遭遇，李金良把土匪逼进一个山洞，部队冲进山洞时发现一个土匪也找不到。原来这些土匪构筑了连环洞并设了许多机关，轻易地从解放军的眼皮底下跑掉。

解放初期，惠水县委和部队大张旗鼓、广泛深入地发动群众建立农协会和民兵团等组织，开展清匪反霸、维护社会治安、建设革命新秩序的活动。在新生的人民政权和解放军的强大压力下，国民党和土匪纷纷向政府投降自首。但仍有部分国民党残部、地主恶霸和地痞流氓与逃跑到台湾的国民党遥相呼应，秘密组织暴乱。

国民党残部与股匪经常密谋暴动，他们杀害干部，抢劫乡公所，横行霸道，无恶不作。土匪在群众中造谣说："解放军来后，青年拉去当兵，老年杀光，少女被强奸，小娃送去出卖给苏联。"他们还组织武装袭击解放军护商小分队和征粮部队。李金良警卫排的副排长在运送军用物资时被袭击，一发子弹打到肚子上。

1950 年 3 月是国民党和土匪最为猖狂的时候，五六百个土匪武装集结，他们密谋攻占县城。

21 日凌晨，各股土匪逼近县城，形成了包围之势。当时，县城里仅有随营学校的两个排，留守的随校学员大部分是刚刚参军的新兵，军事技能欠缺，情况十分危急。

县领导、随校校长申绍英、教育长刘堉、政治部主任刘及武等领导经研究决定：北门由县大队一个排把守，南门由省军区一个排把守，其余机关干部和所有的工作人员拿上武器登上城垣坚守。

早晨 8 时，战斗打响，股匪攻进老场坝，包围了共和区人民政府。我军与匪徒展开殊死搏斗，战斗持续到中午，匪首黄国文被击毙，匪徒逃往风吹坡；进攻西门的匪徒在守城部队的沉重打击下，死伤 20 余人，寸步难移，只好望城兴叹。我守城部队趁机主动出击，在闻讯赶来支援的上马区和明华区驻军的配合下，把匪徒打得抱头鼠窜，迅速抢占了牛场坡。战斗持续到傍晚，惠水县城稳如泰山，打死、打伤匪徒百余人，俘虏 200 余人。

在 17 日至 21 日五天的时间里，各地土匪纷纷暴动，袭击解放军征粮部队和区乡政府驻地，杀害区乡干部和解放军指战员 70 多人。

24 日，不甘失败的土匪继续组织五六百人抢占望城关以南的制高点再次攻城。25 日拂晓，战斗首先从南门打响，匪军的突击队疯狂地冲过南门桥头，后面的土匪也号叫着向我守城部队发起攻击。守城部队在随营学校校长申绍英的指挥下，除留部分守城外，与反击大队紧密协同作战，从东南和西北几个方向主动出击。面对歇斯底里的匪徒，守城部队沉着应战，随营学校五中队长李凤山操起机枪扫射，当即击毙匪徒 9 人。排长李金良一面冲锋一面投弹射击，打得匪徒鬼哭狼嚎。土匪们看到我军火力强大，唯有落荒而逃。

4 月 8 日夜，匪徒又一次包围县城。至次日清晨，战斗首先从东南方向打响。股匪已进至濛江附近橘园，准备强渡濛江。李金良所部署的守城部队和反击大队严阵以待，给敌人一阵迎头痛击，匪徒们蜂拥着向山上逃窜，不少被击毙，有 9 名匪徒被俘虏。西北方向的匪徒见同伙大败，不敢轻举妄动，只有灰溜溜地滚蛋，守城部队又一次取得了反击胜利。

惠水县匪患于1951年3月底基本结束，在一年多的剿匪战斗中，李金良经历了大小战役数十场，他在血雨腥风、枪林弹雨里，坚强了铁骨、磨砺了丹心。

五

革命者的勋章是用鲜血换来的，革命者那大的小的职位是用生命换取的。李金良自从参加革命那一天，就知道不可避免的流血牺牲。从解放战争到打土匪，他在战火中出生入死7年。1952年2月土匪打得差不多了，他被提拔为副指导员，次年又升为连长。

军队可以没有太多文化，但是不能没有文化。到部队后，李金良因为没有文化做很多事都很尴尬。那时他是首长警卫员，整天在领导身边，领导不但打仗了得，而且很有文化素养。首长的很多表述和意识，李金良总是不能领会。领导鼓励他学文化，他也决心学好文化识好字。打仗之余，他便虚心请教有学问的人，从自己的名字开始到自己的省、县、村的名字，再到自己身边战友的名字。他记忆力很好，一学就能记住，就这样慢慢地把一些常用字学会了。还有长期在首长身边，他佩服首长的口才和处事的方式。他一个乡下贫苦孩子，没有接触过外面的世界，思想格外地单纯，求知欲特强。他好学、谦虚、真诚，因而大家也愿意教他知识。

然而在恶劣的战争环境里，所学毕竟有限。敌人消灭光了，全国已解放，是该好好地学一些知识了。领导让他到第一高级步兵学校学习深造，这所1955年改名为“汉口高级步兵学校”的院校，让李金良开了眼界，长了知识。这所步校体现人民军队和人民战争特色，贯彻群众路线，一切从实际出发，在已有经验的基础上，有选择地学习外军经验。做到教育与战备相结合，与部队训练相结合。在这里，李金良不但加强文化的学习，也进行军事、政治训练。学习军事理论、合同战术、兵种知识、外军研究、射击、战斗训练法、战争历史和军事地形学；还学习了政治理论、军队政治工作和时事政策。

这两年的时光，李金良如饥似渴地恶补文化，苦学军事，他感到豁然开朗，眼界大开。他想想以前打仗，真是“盲人骑瞎马”。

还好，我们的李金良同志不但没有辜负领导的期望，还取得了优异的成绩，被评为优秀学员。他学成后被分到长沙第一政治学校担任教员，成为别人的老师。

这所学校主要为部队培养政治理论、政治思想工作和轮训部队的政工干部。李金良在这里既教也学，向身边的同事请教，和学员们共同探讨。闲暇时，他走进图书馆，阅读有关军事的和政治的书籍。他的记性特别好，口才也特别好，他备过的课可以不用讲稿一口气讲完。以至于有同行问他：“你为什么能记这么多呀？”他会幽上一默说因为不识字，所以只能用这笨办法——死记。

其实他没有说假话，当初首长叫他传达一个文件或决定给下属，不能带信件只能口传，领导跟他说一遍，他居然能一字不拉地记牢。

以至于他后来认字了也常能过目不忘，真是山人自有巧办法。

1957 年 7 月，李金良被调到广州军区，先在军官教导队任教员，之后又到步兵团担任连长、营参谋长和副营长。

1955 年我军第一次授衔，李金良被授少校军衔。直到 1964 年 3 月，他还在副营长的职位，领导看到他衔高职低的情况，安排他到台山独立四营先担任副营长然后过渡当营长。正当他踌躇满志大搞训练之时，恰逢公安系统搞“四清”运动，需要从广州军区选择 100 名干部入警加强公安队伍。这位政治思想好，特别能战斗的优秀干部便被上级惦记，对其委以重任，接受更大的挑战。中山是个大县，社情复杂，问题较多。1965 年春暖花开，李金良脱下军装到中山县公安局任教导员。

六

战争年代，李金良南征北战，解甲后，他在地方同样是“南征北战”，辗转多个单位。公安工作与行军打仗是两码事，面对新行当，李金良觉得压力很大。不懂就学吧，他深入群众，勤学好问，逐渐熟悉新的工作。一年后，“文革”来了，提出要“砸烂公检法”，公安局关了门。他正在困惑为何把公检法砸了时，上级通知他到卫生战线去当革命委员会主任。

卫生战线由五个单位合并而成，还有九个医院和防疫站。又是一个新领域，“打仗会死人都不怕”，他遂愉快上任。当时医院是每个科室配一个指导员，工农干部管制知识分子。他对工作满腔热忱，事无巨细都亲力亲为，终于被累病了，可吃几片药、打过针后他又扑在工作上。有一次他得了重感冒且发高烧，肾也出了问题。县委书记袁炳焕来看望他，可他人却不知跑到哪里去了。医生猜他肯定又是跑去工作了，县委书记到他办公室，他果然在忙活。这还得了，书记便让医院把他送到珠海的驻军医院治疗，还下了死命令，病不好不能出院。他在医院窝了两个月，却时刻记挂着单位的那些事儿。

在医院干了两年多，上级又把他调到印刷厂当书记。也许他真是劳碌的命，尽管那时很忙很累，但他却很放松、很开心。他这个兵，喜欢与工农相结合，对和工人们一起劳动感到充实、愉快。印刷厂是一个有着600多人的国营企业，主要印刷《毛泽东选集》、《毛主席语录》之类的红宝书。厂里工作两班倒，李金良白天和他们工作，晚上也闲不住到工厂走走看看。厂里有个民兵营，大多为年轻小伙，他都四十好几的人了，每天早上陪他们出操训练，保持普通一兵的本色。

李金良特别关心工人，经常到他们家里了解情况，嘘寒问暖。知道工人有困难，总是设法解决。他是个平民书记，工人都会向他掏心窝、诉心事。两年多，他走访了380个家庭。后来他调离印刷厂，由于没有能到每个家庭访问，他怪自己脱离群众。

有一年临近年底了，县里加了印刷任务。他马上成立了突击队和骨干班，并开会做动员，把两班变三班。他鼓励老工人把好关，激励青年人做表率，激发妇女们撑起半边天做后盾。大家呼啦啦地干上了，他也每天跟班为工人们鼓劲儿，最终提前完成任务。他奖励大家到广州旅游，还给每人发了一个旅行袋，成了老工人多年后的一个美谈。

他调离印刷厂时，很多人哭了。后来他去支农被车压伤，厂里几百个工人要去探望他。

七

“文革”开始后，当时的主导意识认为社会动乱的坏根是“公检法”，于是，社会上叫出了“砸烂公检法”的标语口号，很快得到国家的支持。

此口号一出，警察、法官、检察官不是到干校学习，就是疏散到其他单位搞运动去了。那时候没有小偷没有贪官，一穷二白偷什么、贪什么呀！谁敢偷、敢贪就斗就杀，谁还敢有妄欲邪想呀！

几年以后，又恢复了公检法的正常秩序。

正是那时，李金良出任法院院长。

我想更多地知道他在任的 7 年法院的情况，但老院长对法院的事情谈得很少。让我感到一种空白或空洞，但我坚信无里的有。

《中山法院》志载：“1972 年 9 月，我县人民法院恢复。初四年中，打击了一批危害社会秩序的现行犯罪分子。”这是 1972 年到 1982 年关于中山法院所有的志。我又找来历年刑事民事审判情况一览，发现恢复法院后的几年对比前后受理案件数相对接近，每年在300件上下浮动。

那是“文革”的中后期和“拨乱反正”的年代，那几年的工作肯定是大量的，甚至艰巨的。

我寻找了老法院人，也重访了李金良。我与他们饮茶，也喝酒，但他举杯不喝或佯喝。俱往矣，不能金戈铁马、气吞万里如虎了。我的话题天马行空，这种闲聊让我更有收获。

出身家庭的穷苦决定了李金良的刻苦耐劳，出生于复杂地域让他具备了忠诚精明而又能灵活应变的能力。他有着勤劳而善良的特质，有着知恩图报、喋血雪恨的情怀，属于质朴的纯粹的具有英雄情结的人物。他工作有瘾，任劳任怨，不要命地干活。这种人一般都能融入身边人，也能得到上级的欣赏，尤其是那个讲阶级、重立场的年代。

他的这些光辉无疑必为领导所器重，当领导放大他的优点，完美他的个体时，也许便忽视了他的真正的能力。正如他所说：“领导的信任超过了我的水平。”他不能推托，只知道服从，只知道坚决完成任务。每一次换岗他都要衰老几许，他没有千斤之力却要挑千斤之担，压力太大了。为了不辜负领导的期望，他超负荷地工作。

不懂法律的法院院长，他惶恐。

当天降大任于斯人时，李金良又一夜增添了很多白发。他心里没谱呀，业务不熟、人事不熟、环境也不熟，总之，一切都是那么陌生。

其实，有什么熟不熟的呢！从实践中来，到实践中去嘛。他给自己打气，寻找内心的力量。

他不知道德沃金的“法院是法律帝国，法官是帝国的王侯”之玄妙。但他知心系苍生，无欲则刚。作为院长，可家无半亩，但必心忧天下。他记住党的诤言，捍卫着公平正义，履行党的使命。

那时候的法院一穷二白，什么都没有。招集旧部，召回一部分以前的法院工作人员。办公地点是民生路狮子街的一个旧祠堂，20 平方米的两间房子。没有办公用具，一张残旧的乒乓球桌用来办公。还有一辆旧单车和一部破电话。

法院设一正两副的院领导，内设办公室、刑事审判庭和民事审判庭。下面的公社也多设中心法庭，一般只有一个人，身兼庭长、法官、书记员数职。

李金良又开始雷厉风行，以身作则做表率。他做领导学会的那一套思想工作让他更能调动大家的积极性，他有着独特的人格魅力与亲和力。新工作不懂，他调查研究，发扬民主，多听别人意见；团结干部，关心群众，群策群力，三个臭皮匠赛过诸葛亮；发动群众把工作办好。

不懂法理，学。从民法到刑法，他不耻下问，虚心学习。一个问题，经常通宵达旦地琢磨，每次要签名，他都要去弄清原委。哎，法院 7 年，真是“为伊消得人憔悴”。

他善于调动群体的力量，尊重知识，重用骨干。每有大事就与两个副院长商量，征求他们的意见。每有任务他便做好动员，发挥每个人的长处，把工作做好。

7 年，在那个以阶级斗争为纲的年代，尽管劳心劳力耗尽精血，但他常常自责，由于文化水平的低下和法律知识的欠缺，没有发挥更大的作用。

7 年，在那多事之秋和社会阶级矛盾突出的年月，中山法院保持平稳发展，没有一起冤假错案。

能够风平浪静，胜过波澜壮阔。李老，你又何必强化“无功即是过”呢！

7 年是 2 500 多个日日夜夜，你不行，领导能信任你、放手让你担此重任吗？

此后，李金良又到石岐镇任副书记。1989 年，他从市政法委副书记的岗位上离休。

风萧萧一肩霜雪，路漫漫万里征程。从千里北国的齐鲁大地到南国粤地，八千里路云和月，李金良颇多感慨，万分感恩。他说他相信命运，命运由我闯，他有着好的宿命。今生有幸，这是他生命的荣耀的福祉。他说我的文字是他在这个世界行走、一生革命的一块碑石，只是过多的褒奖，让他感到心中依然有愧。哎，李老依然谦虚谨慎得可爱！

看到今天现代化的漂亮的办公大楼，看到有一支高效而精英化的法官队伍，他甚为欣慰。

林明：风中劲竹

咬定脚下这片土地
玉立于春光　文人骨性名士魂
从叶单枝枯到蓬勃青葱
静幽而坚贞存活
风雨来时便见其精神
为了共和国的诞生
你的虚心盈满激情
在贫瘠里苍翠着坚实的生命
迎风潇洒亮节坚韧
竹子本无花　你是风中的劲竹
为了秋天金黄的童话
在一个血色黄昏　绽放
竹子开花叶凋零
你把一切献给大地

——《竹花》

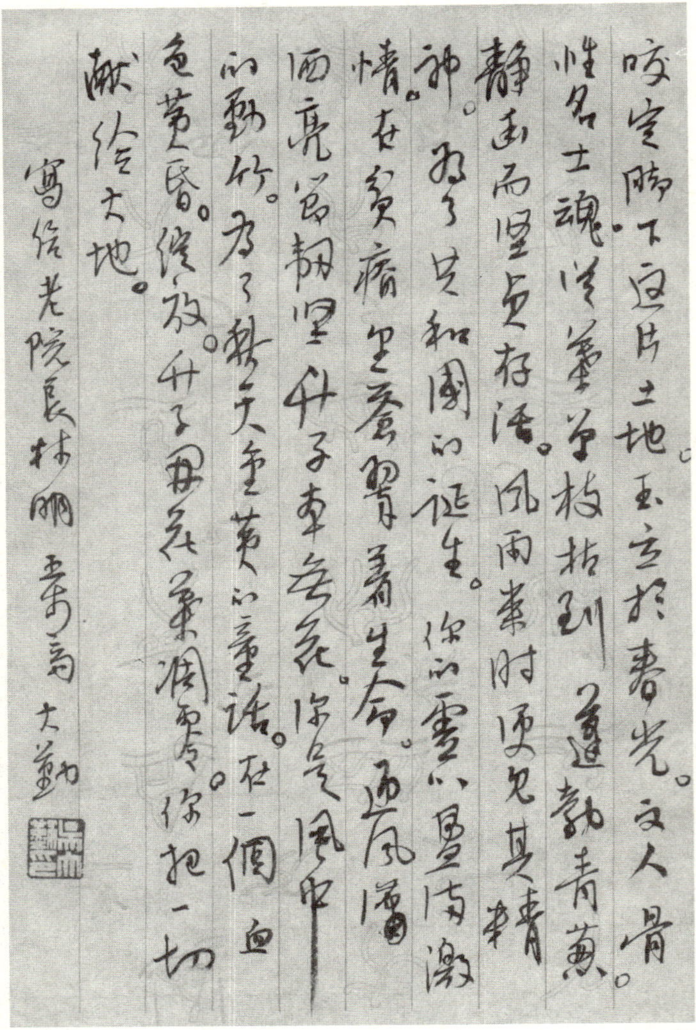

吴大勤/行草

喜郑板桥的画，喜郑板桥的品格，自然他也喜了板桥笔下有着韧性和情义的瘦竹。“我有胸中十万竿，一时飞作淋漓墨。为凤为龙上九天，染遍云霞看新绿。”林明喜欢竹，觉得这诗中的竹子有着品格和气节，坚韧不拔而超脱凡俗，这是一种至美的人格境界，他希望自己能有着劲竹的精气。

林明已是87岁高龄，一生刚正忠直。家庭的熏陶和生活的历练，使他从小就想做一个善良、朴素而又坚强的人。从无忧的少年至见到家国的动荡、民族的危难，他毅然拿起枪杆子，开始他革命的生涯和人生的追寻。从欲征缅甸到锦州大战，从解放北平到直取武汉，之后随部南下追击国民党残部，登舟挥戈抢占海南，血染琼州。在战火纷飞、血雨腥风里，他经历了大小战事，在革命战争的考验里，打造自己坚韧的品格。他有着30多年的戎马人生，在战争中，受了重伤。他冲锋在前，不怕牺牲，立下战功。从战士成长为一名团职干部，转业后他担任法院院长。他有着独立的人格精神，不怕艰难困苦，肩负起历史的重任。

一个经历大半个世纪的老人，多年来与病魔作着斗争。他躺在一张大床上，窗外有一缕阳光照来，我们开始唠嗑。走进一段历史，记起一件事儿，说起他的愧疚。他平静地笑着，亲和而善良，让你可以读出他的平实和感激。说起战友和家人，太多的点滴他如数家珍，太多的事件他有那么深刻的印象，这该是多么深情的一位老人。

没有对家国之爱，没有对生命的执着，没有对世界的深刻理解，哪来这等豁达和从容，我分明感受到他安静如修竹的情怀。

童　年

1926 年，中国的天空并不晴朗，百年魔怪乱舞，雄狮昏睡已久。这一年的 4 月，林明在南国中山石岐镇一个华侨家庭沐浴着上帝的灵光降临人世。孩子五官俊朗，哭声也格外嘹亮，末了还撒了一把天尿，脸上便呈现了欢乐的笑容。林家三代同堂，为诞下这个男丁而高兴，为他取名“海筹”。林氏家中有着颇知文墨的人，他们要取这个“海”字，是因为这个家族的成员大都在海外。林明的爷爷和叔伯在澳大利亚悉尼从商，父亲林锡荣在新西兰办农场种菜。海的那边对于这个家庭是既向往又遥远，他们随时都想着去那个富饶辽阔的岛国，海筹的“筹”，是在做着准备呢。

尽管那时战争频频，社会动荡，人民生活困苦，但因为海外亲人的支撑，这个家庭过得悠闲自在，丰衣足食。在远远的岛国的父辈叔伯会寄来外汇让他们过上衣食无忧的生活。林明日渐长大，他常跟母亲到附近的村子和山丘上，母亲告诉他植物的名字。他在河边看小虾和鱼儿嬉戏，他也在那里戏水玩耍。他看到河的两岸有成片的竹林，那叶子随风摇曳，发出沙沙的声音。他喜欢这声音，喜欢这竹子。爷爷教了他一首郑板桥的诗："咬定青山不放松，立根原在破岩中。千磨万击还坚韧，任尔东西南北风。"这诗他一学便能记住，在祖父的解释下也明白其意。母亲甚是欣慰，唉，这个聪明的孩子。其实从他诞生之日起聪慧和厚道就伴随着他，成为他与生俱来的特质。

林明的祖父，是一位衣冠楚楚、风度不凡且颇有修养的老人。他长期在海外谋生，在国外时间长了，到了老年，落叶归根回到故乡。爷爷疼爱孙子，经常把他抱起，摸着他的脸蛋，对他说："孩子，好好读书，做个有出息的人。"小林明似懂非懂，眨巴着眼睛，点了点头。老祖父置地购物，在石岐太平路太平里一号建起一间大屋，阖家三代在这里和睦相处。叔伯和父亲经常寄钱回来，生活过得非常丰足。后来林明父亲从国外回来，在旧居旁又建起三层大屋，那时的海外谋生是艰苦的，但他们以自己的苦让家里人过得幸福。林明家因为有诸多海外的耕耘者，所以他们生活得殷实、富裕。

林明的父辈和爷辈，都是忠厚老实、正直善良之人。他们有着农民的质朴和商人的精明，知道知识的重要和一技傍身的道理。诚如"君子藏器于身，待时而动"的古人明训。林明的父亲就谙识诗文，算盘打得噼里啪啦响，也写得一手漂亮的蝇头小楷。母亲贤淑，持家有方，在料理家务、教育子女、同亲友和睦相处等方面都处理得井井有条。这个家族对林明寄予厚望，因而从小就让他上学，知书识字，还让他学英文。

林明 8 岁时在县立中学附属小学念书，后考入中山第一中学。他在学校里一直品学兼优，字写得漂亮，作文也是很优秀，爷爷教他英语，使他的英文也是顶呱呱的，老师和同学都喜欢他。初中二年级那年，一天一群日本兵闯进学校驱赶师生，他们占领学校作为兵营，学校只好停办。林明休学在家，同年去香港投亲靠友，最终栖身于二姨妈家。1944 年，香港沦陷，无奈回到石岐，生活全无依靠。于是他母亲去珠海向六姨姐求助，留下他与弟弟海宏在家。不料祸不单行，母亲在珠海弄伤了脚，因行动不便一月未归。加之家中物品皆已变卖，家里空无一物，他们兄弟二人只能睡在楼阁的地板上，弟弟在估衣铺帮工，依然不能填饱肚子。他们朝一顿晚一顿的，有时一天都吃不上一碗稀粥，难以生存。

说起万恶的旧社会都是黑暗的，但无论在什么样的环境中，童年大多是无忧而令人怀恋的。林明虽然在兵荒马乱的恶劣环境中度过童年，但他也有着他的快乐，带着几分浪漫。他和同学一起畅游岐江河，登上烟墩山、西山寺。站在山上，对着蓝天白云，他会纵情歌唱。

春天，他会到乡村看那盛开的桃花、杏花和梨花，漫山遍野，百花争艳，变成花的海洋。秋天是大自然色彩最鲜艳、最浓郁、最多姿的季节，他和同学们到山上摘野果，看无边的景致。更多的时候，他会来到河边或山脚下，看一排排的竹林，他会想起郑板桥的墨竹，然后念一首黄庭坚写竹子的诗：“竹笋才生黄犊角，蕨芽初长小儿拳。试寻野菜炊香饭，便是江南二月天。”

那时候林明到山上摘野果野花，发现有一种叫不出名的小树，长着很多的小果。他和同学经常做一种游戏，就是用竹筒做枪，用那小果做子弹，对着苍蝇射击，有时也会同学间相互打仗对射。有一次林明在教室里与同学对射着玩，打到了从室外走进来的女老师的脸上，吓得他低下头脸都红了。老师走过来拍了拍林明的脑袋，说：“林明同学，不要玩这东西了，要打就拿起枪杆子打日本鬼子！”林明咬了咬牙点着头，他恨日本鬼子，他要拿起枪杆子把小日本赶出去。

20 世纪 30 年代初，“九一八”事变，日本侵占东北，并逐渐向关内扩张，打到山海关。之后，日本鬼子向全国铺开掠夺，铁蹄所到之处，实行“三光”政策。那时经常有从北方逃难到中山的难民，沿街沿村讨食。到 1937 年，日本侵略战火烧到中山，9 月中旬派出军队占领了位于南海之滨的中山七区荷包、高栏（今属珠海）等诸岛。次年 3 月 18 日，日军又占领中山七区三灶岛（今属珠海），在岛上修筑飞机场，驻扎着海陆空军，在岛上烧、杀、抢。10 月，广州沦陷，日机频频轰炸石岐。1940 年 3 月 6 日，日军从唐家湾登陆，在准备占领石岐、途经崖口时受崖口乡警队痛击。到下旬，日军对中山派遣了更多的军队，占领了石岐。

林明看到了日机轰炸学校和民房，看到日本炮弹炸伤炸死老百姓。

在那个年代，老百姓在惊慌、苦难中过日子。那几年，国共两军与日军战斗激烈，国内的交通、教育、邮电等职能机构无法运行。从 1943 年开始，林明家再也收不到海外亲人寄来的钱物，苦难也光顾了林明一家。林明家年富力强者皆去了海外谋生，留在中山的多是妇孺老人，加上家中缺少土地，家庭生活开始困难。为了一家的生活，无奈之下，祖父变卖房屋，最后连住所都没有了，后来一个大家庭化整为零，分家各自维持。日本投降后，林明的父亲恢复汇款，母亲节衣缩食、辛勤持家，最后还买下了良朋里的一间旧屋，终于有了栖身之所。

解放战争

说起战争，老人脸上显得十分凝重。我们共同朗读了王翰的《凉州词》："葡萄美酒夜光杯，欲饮琵琶马上催。醉卧沙场君莫笑，古来征战几人回。"念到末句，老人眼里有了晶莹。

"君不见，汉终军，弱冠系虏请长缨。君不见，班定远，绝域轻骑催战云！……枪，在我们肩上。血，在我们胸膛。到缅甸去吧，走上国际战场！"老人哼唱着 《中国远征军战歌》。当年，人民饥寒交迫，流离失所，饿死街头者不计其数，甚至出现拐骗小孩卖人肉的惨剧。敢有歌吟动地哀，林明已是走投无路，恰逢同学告知国民党远征军在广州招募新兵，当时征兵说是到缅甸打日本仔。林明想着痛打小日本，应征入伍，被编入远征军新一军，在香港搭乘美国军舰到秦皇岛。

在缅甸，中国远征军浴血奋战，沉重地打击了日军的嚣张气焰，但后来因为英军配合不力，远征军陷入腹背受敌的危险境地。

不知是幸或不幸，林明所在部后来接到命令，不用远征缅甸了。这时节，他看到了国民党丧心病狂，陷害人民，任意敲诈百姓。他见到他们吃、喝、嫖、赌，为害百姓之时，觉得此系完全违背自己当初为了杀敌保国而从戎的愿望，他对自己意外走上歧路感到愧疚和愤恨。后在四平战役中被人民解放军包围而投降，1947 年 3 月，北国万物拔节，他参加人民解放军，所部是第四野战军。他铁定了跟着共产党干革命。

至 6 月，他在哈尔滨参加军事训练，指导员见他不但写得一手好字，还颇具文采，便任命他担任所在的四十三军教导团四连的文书。三个月后，教导团解散，他被分配当炮兵，并担任一二七师炮兵营侦察班长，然后伴随着一场场战斗的英勇顽强和工作的出色表现而升为副排长、排长、参谋和参谋长。

在解放战争夺取最后胜利的阶段，我军以秋风扫落叶之势攻城毙敌，迅速解放全中国。每一次胜利都是艰苦卓绝、惊心动魄的，第四野战军在每场战斗中也发挥了重大的作用。解放战争的四大战役，林明参加了辽沈战役和平津战役，并获得了东北解放纪念章、华北解放纪念章、华中南解放纪念章、全国解放纪念章和解放海南纪念章。两年多身经的大小战事中，从寒冷的北国哈尔滨到四季如春的海南，林明在枪林弹雨里南征北战，在炮声隆隆中他一马当先、奋勇向前。他想起了与战友的同甘共苦，想起那些倒下的战友，他轻轻吟诵着："万里长征人未还，人未还！"

在解放战争的辽沈战役中，首先打响的是锦州一役。锦州临近山海关，位于狭窄的辽西走廊，是进出关内外的战略要道，拿下锦州就等于关死了东北的大门，可以把东北的国军封闭起来，如同关门打狗，逐个灭之。取下锦州，长春、沈阳则成孤城、死城。1948 年 10 月 14 日，锦州一仗打响。林明作为炮兵营侦察班长，不但侦察阵地，还传弹放炮，异常悍勇地参加了锦州战役。我军的大炮发挥了重要作用，为步兵打开了一个个缺口。作为军事要地的锦州，工事特别坚固，国民党以黄埔一期的悍将范汉杰在此把守。我军以万炮齐轰，历 90 分钟之久，但敌方工事实在坚固，双方激战甚是惨烈。敌机在天上俯冲，炮弹在阵地上爆炸，遍地是战友的尸体。冲锋和反攻，双方都有着强大的火力网，每前进一步都很困难。敌方不断强势反扑，在反复的拉锯攻守中，双方血流成河，尸骨成山。作为一名炮兵，林明在隆隆的炮声中，早已把生死置之度外，心中有着解放全中国的革命激情。至次日下午 6 时，仅仅 31 个小时，"固若金汤"的锦州终被攻克，成了"溃如鸡汤"。国民党锦州守敌 12 万人，国民党上将、东北"剿总"副总司令范汉杰手下 8 万人被俘，其余被歼灭，人民解放军也付出了伤亡 24 548 人的代价。随后，林明又继续随部北上参与长春围困战，最后以国民党六十军倒戈、新七军投降、解放军进驻长春结束。

1949 年 1 月，林明所在的一二七师奉命配合友军解放北平（现北京市）。一二八师攻打天津，本师围困石家庄。北平有着3 000余年的建城史和859年多的建都史，自秦汉以来一直是中国北方的军事和商业重镇，它汇聚了自元明清以来的中华文化，拥有众多名胜古迹和人文景观，是全球拥有世界文化遗产最多的城市之一。因此，和平解放北平，最大限度地保留历史文物有着重大的意义。北平由国民党华北“剿总”傅作义把守，其集团有50多万人，面临东北、华北解放军的联合打击，已成惊弓之鸟。

北平和平解放谈判期间，解放军仍做着备战工作，林明和战友们在城外夜以继日挖战壕、筑阵地，以防谈判失败要以武力进城。所幸经过三次谈判，1月31日，人民解放军入城接管防务，至此，北平宣告和平解放。平津战役结束，驰名世界的文化古都免于战火完整地保存下来，真乃中国之幸也。

4月中旬，一二七师作为野战军主力，配合淮海战役奉命整装南下，穷追猛打国民党白崇禧残部。部队日夜急行军，有的战士实在太累了，一面走一面都睡着了，林明的脚底打了一个又一个的血泡。一次，他们暴走一天一夜，纵横驰骋了180公里，我军的艰苦奋战和英勇顽强逼得国民党军节节败退。

5月中旬，我军在湖北团风至蕲春之线强渡长江，解放武汉。当时上有飞机轰炸，下有流弹追击，国民党军在长江以南奋力阻止解放军前进。林明所在部集中所有的大炮，强攻狠打。林明不但是一名侦察班长，也是一名优秀炮手，以他的英勇印证了战士的荣光。我军把守敌打得焦头烂额，最终打开一缺口。然后以破竹之势，长驱直入，浩浩荡荡逶迤于长江之中，一举拿下城池，解放武汉。

10 月，我军在湖南衡阳到宝庆（今邵阳）一线沿东江向广州以南进攻，解放了东江两岸和珠江三角洲地区。其中，衡阳作为解放广州的前沿阵地，林明所在的部队在这里与白崇禧部队展开了激烈的战斗，最终取得了胜利。我军分别在衡阳和宝庆地区歼灭白崇禧部主力 4 个师，随后片刻不停，从江西挥戈南下，直接向广州挺进，开始解放广东的战役。在广州佛岗一役，林明深夜带领侦察兵察看敌人阵地，不幸失足坠入 8 米深的战壕，腰部严重受伤（后被评为因战七级残疾），但他忍着伤痛坚持作战，直到出色完成任务。14 日，广州解放，林明随部队沿中华路（今解放路）进城。

1949 年 11 月中旬，盘踞在广西的白崇禧集团为逃脱覆灭的下场，以所属 5 个军，发动了所谓的“南线攻势”，企图由玉林、博白、茂名、廉江夺路逃回雷州半岛及海南岛。12 月，林明随军出发去玉林，在友谊关堵死敌人逃跑的道路，成功拦截白崇禧部队。是月中旬，四十三军将白崇禧集团歼灭于粤桂边境容县、博白和钦州地区。至此，以钦州地区为中心的粤桂边第二次围歼战胜利结束。该次战役共歼敌 40 000 余人，白崇禧集团最高指挥机构彻底覆灭。国民党反动派残存在大陆的最大一股武装力量被歼灭，对于我军进军海南岛和西南各省，缩短战争时间，加速全国的解放，意义重大。

1950 年 3 月，在琼崖纵队的配合下，我军以木帆船为主要航运工具实施渡海作战。林明在雷州半岛海上训练 2 个月后，作为第四批士兵深夜偷渡海南，他们用大炮对准海口，掩护步兵上岸。在琼崖游击队的接应和引路下，他们走小路深入山区，在五指山山区待命，随后向三亚方向追击，却不幸让国民党余寇上了兵舰逃往台湾。四十军继续攻打海口，5 月 1 日，海南岛全部解放。至此，除西沙群岛、南沙群岛等岛屿外，华南全境获得解放。

在新中国成立后的庆功会上，林明被中南军区兼第四野战军记大功，立功证书写着："一九四九年四月南下记艰苦一小功，一九四九年十月南进广州记艰苦两小功，一九四九年十二月西进记艰苦一小功，一九五零年四月海南战役记艰苦两小功。总合记艰苦两大功。"

1955 年，林明参加广州军区英模表彰大会，并获解放奖章。1957 年，全体英模代表集中在北京人民大会堂，受到毛泽东、朱德和邓小平等中央领导的亲切接见。毛主席作了简短而语重心长的讲话，林明对此感到终生难忘和骄傲，他要以实际行动回馈祖国。

在天涯

林明从 1950 年 4 月参加解放海南的战斗登上琼岛，在那里扎根 28 年。踏上这个被称为天涯海角的孤岛，琼岛历史上就是蛮荒之地，孤悬海外，是朝廷流放政治犯人的地方，有着"一去一千里，千去千不还"之说。踏上绿岛时他刚 24 岁，到离开海南回到中山，他已 52 岁矣！人生易老啊，当他读起贺知章的《回乡偶书》：“少小离家老大回，乡音无改鬓毛衰。儿童相见不相识，笑问客从何处来。”他的内心该是怎样的酸涩和感慨。

我也曾戎马天涯，当年读军旅诗人白桦描写边防战士的诗甚是激动：“隐入绿色的边境森林 / 谁能比边防军士兵更轻 / 萤火虫飞过去也要闪亮一星星火光 / 蝴蝶翩翩起舞也要扬起霏细的花粉 / 我们活跃在深深的林海里 / 就像是一群无声又无息的黑影 / 迎着黑色的骤雨狂风 / 谁能比边防军士兵更重 / 千年不化的冰川也会在雷电中崩裂 / 万年凝固的雪山也会在暴风里震动 / 我们站立在神圣的国境线上 / 每一个岗哨都是一座不移的山峰！”这首诗让我对边防军兴奋不已。

我与诗人一样对美丽和幸福心存疑虑，满怀忧伤，诗人的目光总是穿透现有之存在而直达未有之将来，因而万事万物便潜藏了悲苦和噩梦，如猛烈的暴雨是众神的呼号，无望的期待有着永远的孤独。

显然从战争和苦难走来的林明并不需要诗人的那份忧郁，他是温暖而光亮的，像石光荣拿下的一个山头和李云龙的亮剑，是一种精神。共产党的小米加步枪把有着美式先进装备的国民党彻底打垮，靠的就是精神。他在暴走 180 公里以后，次日双腿疼得不能动了，听到冲锋号依然疾跑如豹；在跌落 8 米战壕，骨头都折了的夺命之痛中他若无事般地完成任务，这是一种超常的精神。从青春到初生华发，他承载着光荣和梦想，在茫茫的海，向着彼岸。

他依然喜欢竹，竹是有着一种精神的。这时候他的笔记本上录了一首郑板桥的诗："一竹一兰一石，有节有香有骨。满堂皆君子之风，万古对青苍翠色。有兰有竹有石，有节有香有骨。任他逆风严霜，自有春风消息。"

进攻海南前，林明正在广州。离乡已多年，不知亲人可好？既往琼岛一战，如赴泉台。想亲人呵！领导批了他一天的假。

到达石岐后，他却不知家在何方，经过街道干部的指点，终于站在家门前，近乡情怯。他见到三姑丈，已认不得他的模样。大家认清是海筹后，激动不已。不料家中设置着灵堂，林明得知祖父刚去世三日。他跪地给祖父叩了三个响头，上了一炷香，说"公公我回来看您了"。此时泪水从一名经历了千辛万苦从战争里走来的年轻战士坚毅的眼眶涌出。家中亲人与林明相拥而泣。他们不敢相信这是真的，以为他早已战死沙场。

解放海南后，他被任命为排长，每天操练部队，苦练杀敌本领。领导看他训练刻苦，带兵有方，觉得小伙子是可造之才，便派他到东北锦州炮校学习关于野战炮的知识。我军开始时炮兵部队很少，抗日战争和解放战争时期，炮兵部队由分散到集中，迅速发展壮大。新中国成立后，随时准备打仗，不但要建设一支强大的人民军队，也要打造一支强大的炮兵部队。因而全军统一组织了炮兵训练，开办了各类炮兵学校和训练基地，培养了大批炮兵专业骨干。林明本来就是一名优秀炮手，炮校半年，从理论到实践系统学习了炮兵射击、兵器与操作、炮兵侦察、炮兵通信和工程保障等知识。炮兵射击是训练的重点，他的军官射击训练获得全优。

林明学成归来，一二七师成立炮兵团，他被委以炮兵训练队队长的重任，训练炮手。他根据部队刚颁发的炮兵战斗条令、训练大纲和一套技术战术教材，组织部队进行炮兵训练，建立了炮兵射击场，开展了炮兵射击竞赛活动。

1953 年 7 月，炮兵学员学成被分配到各部队，林明被任命为炮兵五零七团作战参谋，后又调往三营炮营担任参谋长。1955 年全军实行军衔制，他被授予大尉军衔，并于同年晋升为少校。随后的日子，他到炮兵团司令部担任副参谋长，还到野战炮营任过营长。他每天带着部队操练，训练场上，总能听到他响亮的口令声，看到他灵敏而矫健的身影。海南天气酷热，他一身泥巴一身汗，他期待哪一天能重返战场，检验他的部队，印证他的弹无虚发。

随着时代的发展，从军事发展的现实需要出发，成立了坦克一自行火炮第三三二团。1960 年 11 月林明奉命到这个坦克一自行火炮团担任副参谋长。1963 年 3 月，又到解放军装甲兵学院学习，2 年后以优异成绩毕业，被任命为坦克团副团长。

他又活跃在训练场上，不但进行专业技术训练，还进行修理专业训练和战术训练。他的练兵方法和管理艺术得到了上级领导的肯定，师里的军事会议经常表扬并推广他的训练方法。正当他在训练场上施展开拳脚的时候，文化大革命来了。那场运动，对军队的冲击也许弱些，但军队多少也为这场运动所裹挟。那时候林明刚到 40 岁，这是个没有了迷惑、清醒得很的年纪，他军事专业知识响当当，政治立场很坚定。上级领导准备提拔他为坦克团团长，这时有人打小报告说他是华侨，会不会里通外国。人事部门一查档案，果然有华侨关系。从此他的档案上赫然写着“华侨成分，限制使用”。这一限制，便让一名有为军官在副团的位置上原地踏步了13年。

“文革”期间，为响应中央“三支两军”的号召，林明被调至海南屯昌县701水晶矿任党委书记，支援当地发展工业。1971年，一二七师撤离海南，海南军区调入四十四军步兵一三二师驻军在屯昌县。坦克团归属该师管辖，林明仍留在海南，后被任命为后勤部副部长。

回忆海南的时光，有委屈、有欢笑、有愧疚、有欣慰。军营，耗尽了他的青春，他无怨无悔。唯独让他感到内疚的，是愧对家人。

唉，没有国哪有家。对于家和国，林明始终有着理不清的情怀，然而国总占据他的整个思绪。

1956年8月，林明与黄绮兰女士喜结连理，后喜得千金燕清、月红、燕婷、燕良。爱人绮兰是共产党员、一级教师，从广州师范大学毕业后，先后在海南琼中县中学和屯昌中学等单位任教。四个女儿出生时，国是首位，林明都没能陪伴在妻子身边。他俨然那个“战神”巴顿将军，每天忙于军务，扎在训练场上。那时部队在琼中，一个偏僻得没人烟的野地。夜里，小孩发高烧，林明不在，黄绮兰深夜跑了几里地到镇上求医。夜，伸手不见五指。路上，听到狼的叫声，他爱人胆都吓破了，抱着小孩一路狂奔。

军人的牺牲，岂止在战场。

在林明离开海南到装甲兵学院学习期间，黄绮兰申请回中山。家里还有几个老人要照顾，还有四个女儿要养育！家庭的重担，让绮兰受尽了苦。大女儿燕清才 15 岁，响应祖国号召上山下乡。她个子矮小，每天挑着上百斤的水上山浇树，一挑就是 30 多担，腰都压垮了。母亲看到女儿红肿的肩膀脱了一层又一层的皮，心疼得眼睛都哭肿了。

“你在家乡耕耘着农田，我在边疆站岗值班。”林明和妻子听到这歌声，真辛酸，又幸福。

卧听竹声

五指山的雀鸟隐于山林，不忍以啼唱表达这些灵性的忧伤。万泉河水静静地流淌她的深情，只是多了一分离愁。山风如纤指拂了林明的脸，28 年，他成了海岛人，军魂里镌刻了海岛人的性格。这一刻他知道，一种叫做割舍的疼痛。

别了，军营，他握着战友的手有些颤抖，这军礼敬得多么不地道。

已过半百了，故乡在梦中千百次召唤。隔山隔海，乡关遥遥，这一刻该是他的归期。

他背起行装，告别了军旗。这是出征？是归程？当他听到汽笛的一声长鸣，觉得魂魄飘零。他犹觉还在训练场上，军号已吹响，又要去打仗了。

有雨淅沥，1978 年 6 月，他终是脱下军装，回到了故乡。家人以盛典迎接他的归来，四个女儿围了上来："爸爸不走了？""不走不走，迟来之归！"看到妻子和女儿，这个战场上的铁汉长久地说不出话。无语，无语，他眼里盛着伤怀，尽是潮湿。这些年来，家人历尽了苦难。这时有一只喜鹊落在他的门前，妻子见此说："喜鹊送来鸿运了！"一家人喜极而泣，这是何等融和的亲情。

国家荒蛮已久，才意识到要科技要文明，林明被分配到县科学技术委员会担任主任。戎马大半生，战场上的血勇看来到了地方便没了用武之地。当时他也有着心理压力，内心也长久地挣扎。"秋风昨夜渡潇湘，触石穿林惯作狂。惟有竹枝浑不怕，挺然相斗一千场。"诗中竹枝的坚强，让他还存战士的坚韧，"科学有险阻，苦战能过关"嘛！谦虚、勤勉、好学使他很快适应新的工作岗位，并把一个团队带得呼呼地有生气。

金子到哪里都会闪烁，县领导看到了他的亮光。1980 年初，时任县委副书记的谢明仁找他谈话。"文革"结束后，法院队伍处于无序。为加强中山县政法队伍建设，省下达相关文件，要求分配有素质的团级干部担任法院领导，打造一支政治坚定、业务精通、作风优良、清正廉洁的法院队伍。林明被任命为法院院长，并兼任县政法委副书记。

亮剑，剑在哪里？要攻下的城堡，城堡在哪里？

他是否真的一无所有？是的，除了一无所有就是一无所有，还两手空空。

有，一名战士，他有一种精神，精神不倒，所向披靡。

他走马上任，法院没有办公场所。上班是在狮子街借用的一间华侨房屋办公，地方狭窄，设备简陋。由于新出台的华侨政策，要把房子还给屋主。为了有个地方正常办公，彰显一个部门的职能，他绞尽脑汁。一次，两次，三次找领导；一回，两回，三回找财税局。踏破铁鞋，局长黄金贤终于对着林明摇摇头笑着说："林大人，林大人，我服了你啦！"然后挥下大笔。

有钱了，找地。他继续发扬"一不怕苦，二不怕死，三不怕厚脸皮"的革命大无畏精神，一轮，两轮，三轮，继续轮番找相关部门、相关领导。

孙文东路49号的一隅，腥臭的垃圾高高堆起，路人都捂鼻而过。林明多次对着垃圾堆久久凝望，终于拿下这个垃圾场。老兵脸上的凝重变成笑容，这里的垃圾"芬芳"，这里的土地"金贵"。

他好像有了成就感，是否我的绿军装依然神圣，是否我的星辉仍然存着光芒？

军魂始终注入他的血脉，在异域，也要沸腾赤诚，他延伸着军人的激情。

老兵甩开臂膊，买建材、图纸设计、施工……没有放过任何一个环节。1983年春，南国花红柳绿，鸟语声声，法院的三层办公大楼终于落成。然而，基层法庭依然没有办公场所，部分审判员也没有住处。没有办公地，没有房子住，单位哪来凝聚力和战斗力？他又去跑相关部门、相关领导，终于建起了石岐法庭和宿舍大楼。

鸟枪换炮了，林明开始招兵买马，求贤纳仕，他拉开架势，打造团队，大抓法制建设。审判人员从20多人逐步扩大到近百人，法院组织机构逐步完善，步入新的里程。此外，在石岐、小榄、沙溪、三乡、黄圃、民众、港口、张家边等地设置人民法庭，为司法审判工作的顺利铺开提供了根本保证。针对中山港澳侨商多，改革开放后经济纠纷增多的情况，1981年，组织设置经济审判庭，依法妥善调处相关案件。民生无小事，林明认真负责，对所有案件都亲自过问。

1983年，法院迁入新大楼后，为进一步加强行政司法工作，林明着手抽调十多名人员组建司法局，由时任副院长容显成担任局长，将整个公证处归编司法局。容显成，虽是他的副手，却更是他的良师，有着丰富的法院工作经验。林明到法院之前，容显成代理院长负责法院工作。林明初到法院，一切都是那么陌生，容显成总是耐心地指导。林明是个不怕困难的人，遇有疑难，他便虚心请教，夜里，他便一头扎进刑法、民法里。容显成从大处着眼、小处入手，让林明有了支撑。此外，林明充分发挥集体智慧，每遇重大案件，都召开审判委员会，集体讨论决议后再审批。一般刑事案件、民事案件都由分管副院长审批。领导班子团结友爱、相互尊重，分工各负其责，从不计较。林明的平民本色、草根情怀和雷厉风行的作风，也深受大家的欢迎。

20世纪80年代初，国内社会治安十分复杂，出现了北京火车站爆炸案，死伤近100人；北海公园流氓强奸案，3名女学生当众被劫持并强奸；呼伦贝尔盟特大强奸杀人案……

1983年8月25日，国家公布《关于严厉打击严重刑事犯罪活动的决定》，严惩抢劫、强奸、盗窃等犯罪行为。那时候中山的情势也和全国一样，抢劫杀人、偷盗钱物的现象颇为严重。林明迅速行动起来，贯彻“从严从快、一网打尽”的方针，组织了三次严打活动，严惩了一批杀人、强奸、抢劫、重大盗窃、流氓和强迫引诱妇女卖淫等刑事犯罪分子，判处死刑45人，有效遏制了犯罪活动。

很多研究法学的人以为严打过于血腥，用刑太重。从社会主义法制日渐走向健全的今天，客观地看已属于历史的严打，或许是出手过重。我曾看过一份资料，一女子因与十多名男子发生性关系而以流氓罪被判处死刑。面对死刑判决，这女子说了这么一段话：性自由是我选择的一种生活方式，我的这种行为现在也许是超前的，但20年以后人们就不会这样看了。一语言中，20年后，尽管性自由仍未成为主流的社会道德，但人们对于性行为已经宽容多了。流氓罪也在刑法中取消，与多人发生性关系，只要不妨害公共秩序，连犯罪也够不上了，更不用说判处死刑。

还有一个女青年，因为和在逃的犯罪分子有性行为，结果被判重刑，罪名是“客观上起到了助长犯罪分子嚣张气焰的作用”。

古罗马有谚：“炮火声中法律显沉默。”乱世而用重典。特定时期，法律促进稳定、维护稳定。

中国沉疴已久，文明离主流已远，“文革”差点连文化的根都革掉了。我们也许听到了太多的枪炮声和打杀声，这是一种时代的倒退，人性的裂变和道德的沉沦，一个文明的高贵的民族不应存有这种劣根性。作为法院院长，林明知道生命的重要，尊重每一个生命。他认真对待每一起死刑，行刑前一天，他去看守所看望死囚，让他们吃一顿肉食。当时那些无期徒刑的重犯，经常被拉去陪靶，有的吓得尿都流出来了。林明与我聊起这些，不断地说着："今天看来，是不人道！"老人一直关心着国家的法制建设，认为今天社会开明了，法制细化了，法治结出了硕果。

文明靠近了我们，道义靠近了我们，道德靠近了我们。紫气东来，国家呈现吉祥之象，一个民族逐渐高贵，是国运昌盛。

严打是骤雨式的运动，当然从国家利益、社会大局去考虑。为防止在大势中生乱象，林明注意每个案件的细节，避免在严打中因严而乱打。他审批一个案子，一个 17 岁的女孩，初中毕业后待业在家，经常和几个男同学往来，时间久了也许和某一男生发生了性关系。后来有人举报他们是流氓团伙，被逮捕，冠以"流氓团伙"的罪名，判刑 15 年。林明看了案卷和女孩无助而神伤的脸，觉得诸多可疑，不可冤枉好人。他召开审判委员会讨论决定重审，发现他们只是同学之间的正当交往，女孩无罪获释。

由此，林明召开会议，要求审判员认真对待每件案子，实事求是。因为有了严肃认真的领导，大家审慎地对待每个案子，也使中山的历史少了一些冤魂。

生命如天平，林明一边守住自我，一边充实改变自我，保持生命和法律的平衡，让自己在一个纷杂的环境里不随波逐流。即众人皆浊，我亦独清；哪怕世界尽醉，我当独醒。那是军人的本色，真正生命的持有，那是三闾大夫屈原的悲歌。

法院 4 年，林明始终能体察民情，体恤百姓。他常以郑板桥“衙斋卧听萧萧竹，疑是民间疾苦声。些小吾曹州县吏，一枝一叶总关情”的诗警醒自己，做官以民为重，把关心民生疾苦作为己任，他要卧听竹声。知道百姓的呻吟，知道老百姓的冷暖，才能更好地为他们办实事，为他们解决实际困难，这也是共产党人的宗旨。林明正是这样要求自己，这样践行着为人民服务的理念，也赢得“林青天”的称谓。

后来林明到政法委任专职副书记，复查审理关于知识分子、归国华侨、民主党派等方面的冤假错案。他本着有错必纠的原则，阅卷调查，完成了各种对象的复查工作，对改判的都召开平反大会公开平反，做好善后工作。

1988 年 3 月林明离开岗位，这位在风中雨中，在历史的创痛中走来的时代赤子，像一株俗世里坚强生长的劲竹，他带走了两袖清风，留下一身正气和百世英明。

在此，谨以他的一首律诗作为结语：“战争岁月血频流，弹指一挥半百秋。铁队熔炉常锤炼，金戈戎马几浮沉。古稀还幸身心健，清白始终德艺修。回望峥嵘犹不愧，平生敬业晚优悠。”

容显成：丹心写忠诚

宦海商潮承载功名利禄
昏鸦在枯树上歌唱
酒醉的公平与湮灭的正义
天空苍白空洞
你慈如释迦牟尼
咯血并割下自己的肉
喂鹰而让一只鸽子飞翔
却逃不出自己
你寒夜招魂呼包拯
长哭正义不当在悲伤里凋零
苦难者有圣地栖居
老百姓丰衣足食　可呼吸新空气
公平铺满大地　正义植在心中

——《渴望正义》

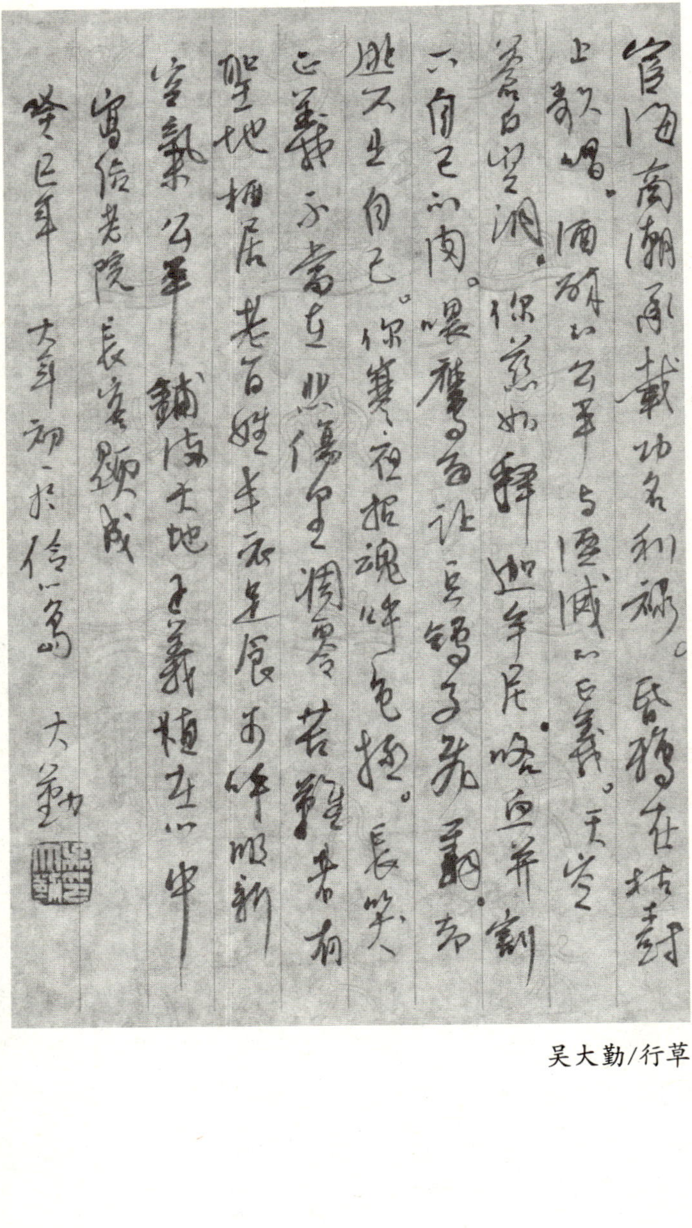

吴大勤/行草

如果我们选择了最能为人类福利而劳动的职业，我们就不会为它的重负所压倒，因这是为全人类所作的牺牲；那时我们感到的将不是一点点自私而可怜的快乐，我们的幸福将属于千万人，我们的事业并不显赫一时，但将永远存在；而面对我们的骨灰，高尚的人们将洒下热泪。

——马克思

这个春末到夏初，我探访一位老人，走进一段流离冗长的历史，我看到他的人生如同一条悲喜交加的河流，从我的眼前如梦如真迤逦而过。

容显成，这位从共和国开国之初便踏进法院的政法老人，在公安、法院、司法、检察院工作了40多个春秋。在中山，他先后担任过公安局秘书、司法局首任局长、县法院院长和首任中级法院院长、检察院检察长。40年的政法人生，回眸那个遥远模糊的年代，寻觅那虚无或具体的时代真相。我想着在那特定的年代，他肯定经历了一部扑朔迷离的传奇小说，其中故事曲折，情节坎坷。但他的人生又是平淡、平常和平凡的，他娓娓道来，神情平和，态度亲切。近 80 岁了，他的健康和硬朗，仍让你感觉他积蓄着的活力，一把宝刀还在闪耀光芒。

我采写过大量人物，包括一些历史风云人物。我愈感写人的沉重，当我进入那个时代，笔触与我的心灵和我笔下具体那个人有了契合，能与他们同呼吸而共情怀时，我遁入两个雷区：生命的荒原以及有着是非的历史。

生命切入历史，难免撕裂并痛。

我的写作始终坚守自己的原则，依从内心的良知和道义。我是历史中一个卑微的生命，我以仰视、以敬畏抵近历史和事件。我常常在黑夜仰望天空，在绝望和忧伤里与岁月的暗夜紧紧地捆绑在一起。国家的大运是主流，个体的悲欢离合只是一道小径，切向了历史的咽喉。

之前我曾在法院的画册和纪念馆见过容老的相片，大约 40 岁意气风发的年纪，瘦削、从容而平静，一个非常成熟稳重的中年男人，紧抿的嘴唇，怀一丝书卷气。在采访他和看他照片的过程中，我都在注意他的眼睛和眼睛所闪烁的神态。那是一双犀利而正气的眼睛，充满智慧，似是在明察秋毫。面对今天红尘滚滚的物性，面对大地汪洋的贪念和邪恶，这双具有穿透力的眼睛直抵人的灵魂深处，洞穿事物本质，穿透并破译人性和兽性内里的秘密。

光阴荏苒，世事如烟，在如歌的岁月里，容老与政法唇齿相依近半个世纪，他在艰难的时世辛勤耕耘、默默奉献，用青春浇铸着忠诚，用汗水播撒着正义。40 多年为中山的政法夯实基石，以无私的执着铺筑着法治的长城，用铁血的丹心书写着对法律的忠诚。让后来者回首遥望那个荒芜年代的富有和满足，让我们深感处于物质丰足的今天的苍白和虚幻。一个法官，置身于法律和对公正的拷问，该是怎样的一种灼痛。

青涩少年时

容显成祖籍珠海南平镇，珠海当年为中山管辖。1933 年 12 月 25 日，他在香港出生。他阖家早年就迁往香港，在那个英国人管治的地方讨生活，受尽冷落和歧视。容显成上小学时，日本攻占香港，家人将小孩送到澳门外公处。后来辗转回到家乡南平，在一个叫甄贤的小学就读。那时国内时局动乱，抗日浪潮激荡全国。学校在动乱的时势下半读半休。当时有一批年轻教师，思想较为进步，抗日意识很强。学校组织高唱《黄河大合唱》，同学们唱着“大刀向鬼子们的头上砍去”，日本鬼子践踏我中华，干尽烧杀抢夺、奸淫掳掠之事，同学们都恨不得把大刀砍向小日本。那时中山有着一支抗日队伍，面对日本帝国主义极端残暴的殖民统治，与之展开斗争。常有消灭日伪的捷报传来，让学校师生激动不已，有的老师带着年纪稍大的学生到五桂山参加革命，与日伪部队周旋开战。一个姓张的老师在和日本鬼子对峙时英勇献身。那时容显成年纪很小，对国家有着深切的爱意，对残破的山河深感疼痛。他想象着有一天能拿起枪杆参加革命，杀敌立功，保卫自己的家园。

后来日本鬼子被赶走了，大家都想着有个好环境，老百姓安居乐业过好日子。然而国民党背信弃义，为了独占江山而要戮尽我党，国共难免一役，又干将起来。

容显成的小学时代，是日伪在中山最为猖獗的时期。1942 年春，4 000 多人的日伪军队扫荡黄圃、浮墟；1943 年 6 月，日军和伪军第四十三师彭济华部出动 4 个团的兵力，分六路从石门、合水口、长江、灯笼坑、石莹桥围攻五桂山区；1943 年底，伪中山五、八区护沙部队长卢汉荣将其 4 个中队进驻翠微乡，掠夺粮食物资，配合日军围攻五桂山抗日游击队；1944 年 1 月 31 日，日伪更是动用步兵 9 000 人、骑兵 100 人分十路浩浩荡荡围攻五桂山；1945 年 2 月 28 日，日伪军 400 多人向我抗日部队驻地白石村进攻。抗战八年，抗日部队与日伪军开战 140 多次，他们浴血奋战，一次次击败日伪的围攻。

1947 年容显成念完小学，进入前山读初中，当时这间中学叫中山五区第二初中，这是一间有着 200 年历史的学校，校长是一位国民党的师级干部，他心怀教育，对政治不大感兴趣，或者是对那个党彻底绝望了。他的办公室挂着一牌匾，上书：好仔要当兵。可见他对军队有着一种深刻的认识和别样的情怀。容显成从校长深沉的目光和凝重的举手投足里似乎看到一位高人的波澜壮阔、苦涩和心痛。这位青涩少年似乎读到了什么，读懂了什么。在一个落霞满天，遍是光华的黄昏，在一片荒凉的野地，容显成见到对着落日发呆的校长，如此地落寞，如此地萧索。容显成知道他不能走进校长的内心，但他走近了校长，神情忧郁地盯着校长，他点着头向校长问好。校长良久地看他，还握了他的手，莫名地说了句：“大地很孤独，这条河已被劈开！”然后很谦恭地向这位学子微笑，敬了一个军礼。容显成像读一本丰厚的文学作品，他们长久地凝视。

少年显成脑间有着一个意象，苹果园里成片的虫，它们钻进了果林钻进了果子，林子枯了，果子烂了。他迸出一句：“我的祖国！”多么凄凉而惨痛。校长应着：“我的祖国！”他们哭了。

艾青说，为什么我的眼睛常含泪水，因为我对这片土地爱得深沉。

这个苹果园就是那个王朝，国民党，就是那些腐烂的苹果。

国民党把人民引向水深火热之中，这间名校，经日军战火，在风雨飘摇中破败不堪，体育场没有了，礼堂没有了。学校有 300 亩地，靠收租来维持学校的运作。那个兵荒马乱的暗日，人们都在恐慌中度过，连生命都难保了，谁又有心思去关心农事呢？学校没有经费，发不出工资，教师们没饭吃没衣穿，要坐车又袋无分文。

容显成从小学到初中，成绩一直是校里前几名的优秀生。他是学校的学生会副主席、班长。他学习勤奋，思想活跃。看到国家多事，民族危亡，小小年纪便关心国家大事，忧国忧民。学校有童子军，带着军事的况味，容显成积极参加童子军的训练，他的口令叫得山响，军姿军容严整，正步齐步矫健。也许他在想着“他朝报得凌云志，一将功成万骨枯”呢！

1950 年 7 月，容显成初中毕业。他是一个德才兼备的好学生，小学毕业时成绩是校中第一，到初中毕业时，他仍然是学校里的第一名。县里给全县的优秀生颁奖，他列全县第二名。他接过鲜红的奖状，感到有些遗憾：唉，没有拿到第一。

到中流击水

独立寒秋，湘江北去，橘子洲头。看万山红遍，层林尽染；漫江碧透，百舸争流。鹰击长空，鱼翔浅底，万物霜天竞自由。怅寥廓，问苍茫大地，谁主沉浮？

携来百侣曾游。忆往昔峥嵘岁月稠。恰同学少年，风华正茂；书生意气，挥斥方遒。指点江山，激扬文字，粪土当年万户侯。曾记否，到中流击水，浪遏飞舟。

容显成一直喜欢毛主席的这首词，他没有“问苍茫大地，谁主沉浮”的伟人气概，却有着“到中流击水，浪遏飞舟”的情怀。

初中毕业时，他已是 17 岁的俊朗后生。那时全国已经解放，人们暂时离开了战争。不见硝烟了，容显成便找不到战场，他参加了新民主主义青年团，跟教师暑假服务队到乡村宣传征粮，调查农村土地情况，了解社情。后来学校通知他到翠微十四小学当教师，他在四年级的一个班当班主任。由于在校时受先进的思想、革命的热情感染，他似是遏制不了青春的飞扬和向往，心里总记挂着当兵打仗。“葡萄美酒夜光杯，欲饮琵琶马上催。醉卧沙场君莫笑，古来征战几人回。”他神往一场轰轰烈烈的革命。校长理解他的心思，做他的工作，告诉他并非当兵打仗才是革命，其实搞好教育工作也是一种革命，建立一个新中国，把工农业、教育搞好都是当前要务。然后用毛主席的“到中流击水，浪遏飞舟”这句词，鼓励他要像中流击水那样，做每一项工作，都是革命事业，融入社会主义建设中，激流勇进，有所担当，把它当作关系国家命运前途的大事来做好。校长的话，让他豁然开朗，有了更加开阔的视野。

两个月后，容显成所在的中山五区凤山乡召开代表大会，他被选为乡人民政府委员。他收拾背包到乡委报到，参加土地改革、清匪反霸工作。7 个月后，他又被调到治安局搞预审，开始接触政法。约半年后，即 1951 年 10 月，正式调入法院。后来的日子，容显成到政法系统各个部门干过，每一次的调动换岗，他便会想到校长的话，“到中流击水”，这是上帝对他骨性的考验和磨砺。他谦虚勤勉，很快融入团队；他年轻好学，很快便掌握工作的方法。

中山县人民法院 1950 年 6 月组建，7 月由县长谭桂明兼任法院院长、蔡庆权担任秘书并主持法院的日常工作。院址在旧政法机关的石岐照壁街 5 号。初创的法院，设施简陋，人员不足，审判分工不明确，审级、名称、机构设置等相对模糊。容显成到法院时，《中华人民共和国人民法院暂时组织条例》刚公布实施。工作之余，他认真学习条例，慢慢懂得一些法律知识。当时法院共有 12 名工作人员，院长是兼任的，有 4 人是旧政法部门留下来的，大多是老同志，容显成是队伍里最年轻的。有一位书记员叫何乃雄，旧大学法律系毕业，对法律颇有见地，容显成经常虚心向他求教。

建国之初百废待兴，一切显得慌乱无序。50 年代的办案思想是“为中心思想服务”，中心工作是服务于党的工作，走群众路线。开始时连判决书都没有，不管犯罪事实清不清楚，有没有证据，便将档案与人送去劳改场了。中山共有两个看守所，公安和法院各有一个。法院的看守所在溪角，由一个古旧大祠堂改成，一个个窄小的监仓，阴森、黑暗，关着七八百人。法院每天或隔几天就有大会，经常枪毙人。“三反”、“五反”运动兴起时，法院狠狠打击不法资本家和反革命分子。沙溪、民众有反共救国军，配备武器弹药，伺机策反占领我政府机关。1953 年，中山值多事之秋，年初，出现了西街反革命暴乱，几百人聚众准备暴动抗衡政府。后来，张家边、民众反革命分子造谣说国民党反攻大陆，要打进来了，煽动群众抗征粮。小榄一夜之间大街小巷贴满了反革命的标语，共 160 多张。公安机关前往干预时，他们与之对垒，公安局一名股长的手枪都被这些暴徒夺去了。对于这些暴乱分子，当时的处理是从重从严，西街暴动，一次毙了十几人。容显成参与了大多数案件的审判工作，那时节不分书记员和审判员，判决书上容显成有时是审判员有时又是书记员。当时助理审判员要满 23

岁，由于法院人才的奇缺，也由于容显成的出色表现和其所取得的优异成绩，未满 23 岁的他便被任命为助审员。

当土地改革浪潮席卷全国时，残匪恶霸又开始猖狂起来，中山法院建立起人民法庭和各区人民法庭，担负起审理各区案件的任务，法院全力审判地主恶霸和悍匪。容显成已被提拔为秘书，肩负重任，不但经常担任主审，还起草报告给办案小组，对案件提出初步意见，提交上级领导审批。属于判处十年以上有期徒刑、无期徒刑、死缓及死刑的，还要报更上一级审批。所有案件，一般由区法庭公开定判执行，由县庭出布告。遇有重大案件，县庭派员下乡主持公开审判。容显成作为县法院的骨干，也常主持各种公审大会。“恰同学少年，风华正茂；书生意气，挥斥方遒。”他正值青春年少，才华横溢，意气风发，世界的一切都是美好的，他有着憧憬和期待。他时刻不忘做好本职工作，始终牢记惩恶扬善、伸张正义的历史使命，忠于职守，在工作中书写对党和法律的忠诚。

1954 年增设了石岐市人民法院，在原县法院办公，县法院迁至上街里 8 号。同时，在临时土改法庭的基础上，在全县范围内设立了若干个固定的人民法庭，作为县法院派出机构开展审判活动。还有成立巡回法庭，到农村解决法律问题，容显成被任命为第三法庭副庭长。同年 5 月，根据上级指示，协同区、乡政府通过普选运动建立调解委员会。那时候的民间一般民事纠纷和轻微的刑事纠纷，大多由调解委员会调解处理。容显成既参加巡回法庭深入农村、家庭找当事人，也经常到区乡了解帮助调解工作。他背着背包，挎着手枪，有时走路，有时骑车，经常是一身泥土一身汗，一个村一个村去办案，在具体事件中学习，掌握了不少办案技艺。

当时法院的办公条件很艰苦，几个科室挤在一起办公，院领导和秘书在一个办公室，一部手摇式电话，两辆自行车就是所有的家当。干警们骑自行车或走路上班，下乡办案、外出办事不是骑自行车就是坐公共汽车。容显成陪领导下乡检查一般是乘坐公共汽车，有时骑自行车。那时车少人多，车上经常没有空余的座位，车厢又矮又窄，容显成个子较高，经常蜷缩着身体站在车内，这种坐车经历让他至今记忆犹新。青春是美好的，年轻的容显成干劲十足，工作热情很高昂。白天认真办案，晚上经常加班，一有时间就认真看书学习，也积极参加院里组织的各种活动，他的性格严谨里带着浪漫的乐观的精神。容显成不仅能吃苦，还清廉公正。每次到基层农村办案，从不接受当事人的请吃请喝，更不接受礼品和现金。记忆中整个社会都很清明，省高院院长到中山法院考察，吃的就是饭堂，为他加了一个小吃，院领导还被克了一顿。这副部省一级的高官，不住招待所不住旅馆只住在法院里，上厕所要到很远的公厕，真是不方便。有一次，省高院一位副院长来视察，临走时法院为他弄了一只鸡，这位领导吃完后一定要把钱垫上。从他们身上，容显成学会了清正廉洁，领略了领导风范。

爱上了政法

法律是灰色的，只有司法实践之树常青。

——列宁

在容显成46年的革命历程中，大多时间都在政法系统度过。在那阶级斗争的时代，容显成也被怀疑冷落过。1958年底，三县市合并为中山县，他就被调到公安局，没多久就任办公室副主任。他同样到中流击水，把工作做得卓有成效，1961年开春，他参加省政法系统的先进代表大会。

他刚回到单位，组织便通知他到农机局。

原来是公安局一个干部当了叛徒，跑到澳门投敌找国民党特务去了。容显成从小生在香港，有海外关系，自然也成了怀疑对象。

到农机局没多久，又通知他到商业局，担任第一副局长。他这个第一副局长没有上过一天的班，就被抽调到省、地、县三级“整社整队”工作队去了。一年里，他到冲头、神湾、外沙，到斗门的平沙农场。他住在老百姓家里，有时住在生产队的仓库或碉楼里。地上用麦秸铺上，打开背包便是床了。碉楼有着几个窗口，冬日的阳光从窗口洒进来，让青春的显成有了诸多怀想，他也会想起那些出生入死在枪林弹雨里的老革命，便会有一丝幸福的感觉。无论是怎样的一种时势，容显成清瘦的身影好像是一种标志，透射着顽强的精神和温厚而坚毅的力量。他的脸上在深沉中露出笑意，少儿之时，他便有着一种随遇而安的思想境界和心理素质，更有着一种努力工作为人民服务的高标准。

1959 年到 1961 年，是国家最为困难的时期，大地上饿死了那么多人。容显成也吃不上米饭，他与农民一样，以瓜菜当主食。那时他正值青壮之年，时常饿得两眼昏花。有一天下乡办案，他从拱北骑着自行车回石岐，肚子饿得咕噜响，全身无力，他回到单位的伙房找了两个白萝卜便啃了起来。那种苦日子并没有让他有苦的感觉，他总是带着微笑，体现一种革命乐观主义的情怀。

1961 年，在农村蹲了一年的容显成被调到人民医院当书记。对医院他一窍不通，但管理上他是个好手，尊重知识分子、尊重人才更是他的好品性。医院 300 多人，从院长到科主任多为高学历的知识分子。院长是旧社会的大学生，毕业后到了国民党军队。新中国成立后他投身共产党为革命做了不少事情。因为曾经是国民党，他从新中国成立后一直写申请，11 年了都入不了党。

容显成了解到，很多医生、科主任都有向党靠拢的意向，但这些知识分子大都出身于地主或资本家的家庭，在重阶级重立场的年代当然被拒之于门外。他抓住政策中历史清楚而不是历史清白这一点，一年内将院长和几个先进分子发展为党员，大大地激励了知识分子的积极性，提高了他们的工作热情。

公安局因为出现叛徒的事情，一年内调走了三个副局长，县领导经过细致观察了解，发现他们都是好同志。便有意招他们归队，当然也发现我们的容显成也是一个好上加好的同志，便由他选择政法战线任何一个部门继续工作。

容显成对政法有着一种深切的爱，对法院更是有着一种割舍不了的情缘。他回到法院，被任命为副院长。

回到法院那天，容显成这位稳重的男子汉哭了，他的内心曾有着怎样的海阔天空？

11 年前到法院上班的时候，有知识的“老法院”何乃雄就跟他讲了一个法官办案的故事。民国时期名法官蔡丽金在广西灵山地院任检察官时，就曾经审理过一桩有名的冤案。

原灵山地院对一宗人命案的被告判处无期徒刑。蔡丽金在看完了卷宗后，觉得有很多疑点。他以为既然是故意杀人罪，那就具备主观意义上的杀人动机，应以命偿命，又为何只判处无期徒刑呢？这不符合审判的逻辑。于是他又找来案卷，仔细查看有无可能出现的纰漏。后来才知道并无杀人证据。既然没有证据，凭什么量刑呢？又何能判处当事人无期徒刑呢？他决定对此案进行复查。他把原被告调出来庭审，被告拒绝认罪，说自己被人冤枉。蔡丽金又找了很多当地群众调查，并亲临案发现场实地勘查，在经过一系列的走访、调查、推断以及开棺验尸等步骤后，蔡丽金断定这是一宗冤案。其原委是这样的：案发当日，被告挑柴下山，在山脚某处见到一个人倒伏在一块磐石上，呼而不应，上前一看，原来是一同村村民，早已气绝多时。被告回村向保长报案。保长闻讯后，率领同村一干人等赴现场。保长想到死者生前与报案人平素有些纠葛，怀疑可能为报案人所杀。回村后，保长找到死者家属，说报案人肯定是因为平素纠纷而杀死死者，让死者家属将报案人告上公堂。经验丰富的蔡丽金则认为，如果真是报案人所为，报案人不是自找麻烦吗？被告人个子矮小，且当日从山上砍柴下山，已筋疲力尽；而死者牛高马大，又是刚刚准备上山，力气充足，被告根本不是死者的对手。蔡丽金又结合死因分析：死者除颈背一处伤口外，其余部位未见任何损伤，如果是打斗的话，双方身上应该都有伤口。蔡丽金再次到现场查看，发现磐石上有磨刀的痕迹，据此推断：极有可能是死者在上山前想将镰刀磨锋利些，便将镰刀从刀把上取下，待镰刀磨利后才往刀柄上套，再往磐石上一捲，企图套得牢固些，谁知意外就在此时发生，镰刀脱手了，失手落到了自己颈背上划伤了颈动脉。这可是大血管啊，血液从血管喷涌而出，俄顷毙命。蔡丽金边说边做示范，证明死者只是因为自己的误伤才导致了劫难的发生。蔡丽金的观察、分析、推理，说得在场的人心服口服。事后，保长多次带着灵山特产上门，千方百计想收买蔡丽金改口翻案，以维护自己在乡民心目中的地位。蔡丽金拒其之礼，坚决维护了法律的尊严。

这个办案趣事让容显成深为震撼，他久久沉默，久久思考着这个有着悬念的案子。没有人证，没有物证，当时不能做DNA鉴定，也没有指纹鉴定，如果不是遇上高明的法官，必酿冤案无疑。有了一位负责任又有智慧的检察官，才能为无辜的被告洗刷其所蒙受的不白之冤。此案断完，便变得简单明了。容显成在想，一件原本看似复杂的案子何以在蔡丽金断完案后变得如此简单？他反复思考蔡丽金断这个案的过程，发现他观察得非常仔细，而且思维非常的缜密，他没有让周遭的诳语影响自己的思维；而是在抽象的事实面前，层层观察，步步跟进，抽丝剥茧般找到案发的肇始原因。玩味他所断的这个案子，你会发现他断案的过程简直如行云流水，非常的顺畅，没有一丝梗阻，顺理成章地就找到了事件的症结所在。这种推断毫无破绽，何等完美。容显成也深迷其中，也坚定了他日后司法实践的信念。他希望有着蔡丽金的办案思维和智慧，期望成为一位有所为的司法工作者。

亚里士多德说，公正不是德性的一个部分，而是整个德性；相反，不公正也不是邪恶的一个部分，而是整个邪恶。这位哲人的话为他带来了巨大的力量，法治进步是法官的公平正义所在，法官必是法律完善的基石。

他渴望在办案中公正而严明。他办的一件碎尸案，就体现他非一般的思维和高度的责任感。

在横栏沙田区河边发现碎尸，死者是生产队的管水员，嫌疑犯是前任管水员。管水员是个肥差，住在村外稻田旁的小房里，不但工分比其他社员高，还可以在那里养些鸡鸭，闲时也可以到河里捞些鱼虾。案件审了一段时间，容显成觉得此案的作案动机和手段不大正常。作案者用木棒将受害者打死之后，用刀碎尸，然后一件一件将尸块抛到河里。容显成多次到杀人现场，觉得尸体离河沟有一段距离，一件一件抛到河里耗费太多时间，而且那条河是人来人往之处，抛尸入河将很快被发现，这有违常理。他怀疑杀人者精神有问题，查了凶手的家族病史，均无精神病史。而当时公安局刑事副局长和很多办案高手都认为此案已尘埃落定。容显成又反复看证据、证物、笔录，他始终存疑。后来把疑犯送去佛山兰石精神病院检查，各项指标显示疑犯没有精神病。容显成细心地看着每一个专家的脸，进行着缜密的思考。现在就等医院院长的判定了，此时，一个医生说了一句，还有一项药物诱发检查未做。就是在做该项检查时，疑犯精神病突然发作。

从这件案中，我们可以看到容显成的较真和用心。他曾接触过冤案，“大跃进”时，黄圃一个农民到镇上卖木瓜，回家路上被人杀了，钱也被抢走。公安带着警犬侦查，追到一户人家，从怀疑对象家里搜出的钱与卖木瓜的钱相近，且从院子里查出卖木瓜的发票，其家中的菜刀有血迹。被怀疑者平时穿长裤，当天的裤腿剪去一截，怀疑是其在杀人后剪掉的。

当时此案在刑讯逼供下，被怀疑者全数供认，最后被执行枪决。数年后劳改场搞坦白检举运动，先后有两人供出自己抢劫杀害黄圃一个卖木瓜的人。这起错案引起了极大轰动，虽然与容显成无关，但他警告自己，永远认真对待每个案件，不能出错，否则便是历史的罪人。

容显成说，法官不能徇私，如果领导批评错你，你就会很不高兴，何况你判一个无罪之人有罪，那是怎样的心情？

20世纪80年代和90年代曾有过两次严打，因为国内形势混乱，因而主张“从重从快，一网打尽”，容显成主持宣判过很多死刑。在刑场，他见到那些死囚，有男的也有女的，有些很年轻。宣判之后或听到枪毙他们的枪声，他的内心时常有一种难以名状的痛感，有时会莫名懊悔，他最担心的是错案、冤案。生命诚可贵，他们就这样死了。他深刻地记住那些死者痛楚而惶恐的眼神。

法律是无情的、灰色的，政法工作者必须长期地进行司法实践。作为一个司法的实践者，凡是重刑死罪，容显成必小心谨慎，不轻易表态。但凡死刑案件，在判决前稍有一点法理、情理乃至证据认定上的犹豫，他都不会作出死刑判决。

因为法官有着这诸多的担当和责任，他慢慢接受对事件本质的追问，爱上了工作带给他的发难和挑战，也使他在工作中获得快乐。

爱办案，爱政法，他喜欢在案子里钻牛角尖，在夹缝里顺着思维展开他的逻辑和思想。他与俗世似隔了一层窗纱，他在恶的学问里看到世界的干净和美好。作为一位资深的政法领导，他对生命有着沉重的敬畏感，这敬畏，包括了苍生和个体，还有那被害人和被告人。40多年政法工作，他一身正气，秉公执法，他所办所批的案，没有一件案件引发信访、没有一件案发回改判，在大家心中他就是一把标准的量尺、一架公正的天平和一杆公认的铁秤。

降大任于斯人

故天将降大任于斯人也，必先苦其心志，劳其筋骨，饿其体肤，空乏其身，行拂乱其所为，所以动心忍性，曾益其所不能。

——《孟子》

树挪死，人挪活。在一个单位等待成长的时间成本太高，很多人会不断跳槽以实现质的飞跃，更换环境和工作，能更好地打造自己，有效地锻炼自己的环境适应能力和应变能力。

容显成人生中虽然也换过单位和岗位，但不是个人决定的，而是组织安排到哪里，便在哪里扎根、发芽、拔节，激扬自己、提升自己。自从来到法院，他就乐在其中，在那并非坦途的道路上跌跌撞撞地前行。他算是一个畅情适意、随遇而安的人，好像是没有抱负、没有理想，但有着担当和使命，因而他修养内心，劳累筋骨，接受上天赋予他的所有磨难。在岁月里历练，相信远方有风景。在苦涩、艰难的日子里，他获得内心的宽阔和警觉，性格坚定而从容，有着宠辱不惊、去留无意的情怀，更有了对普罗大众的慈悲和关怀。

容显成一进法院，他就有心锤炼自己，注意工作的方式方法，把自己打造成一个办案好手。他喜欢到基层，觉得了解情况、解决问题必须到一线现场。他经常下乡到农村，与农民打交道，一枝一叶总关情，他理解民间，知道老百姓的疾苦。他也善于做群众思想工作，他到农村办案搞调解，化解矛盾纠纷，用心用情，有着丝丝入扣的思想疏导、耐心细致的调解方法。努力做到“以法服人、以理服人、以情感人”。在办案中总能知己知彼，成竹在胸。在邻里纠纷、刑事附带民事及自诉案件中，他针对故意伤害、寻衅滋事等案件的不同矛盾程度，能因地制宜地进行调解；对邻里琐事纠纷，他以自身的威望来说服调解；对那些常年积怨的邻里纠纷，他多走访、多了解，然后对症下药，进行全程的深入调解，让邻里间的矛盾纠纷由他止步。在他早期的法官生涯中，他就是一个办案能手，化矛盾，解纷争，可谓润物细无声。

在一些重大问题的处置上，我们同样可以看到容显成的遇险不惊、从容应对。1957年国内形势较为复杂，阶级斗争十分尖锐，牛鬼蛇神都纷纷跳将出来。那一年容显成下乡更勤了，经常带着公检法调查小组到乡村搞社会调查。一天他带着公安局两名股长和法院一名审判员准备到古镇搞调查，政法委一名领导告诉他曹步出事了，去古镇刚好要经过曹步，要他去了解一下发生了什么事。

他们骑着自行车到了曹步，已是傍晚时分，入得村来，但见村口观音庙处聚着数百人在围殴一个人，经了解，此人是村治保主任，群众举报其工作作风有问题，偷观音庙里的银费。他们在观音诞辰之日把村治保主任抓起来，用铁链把他绑在观音庙的石柱上，几个人殴打着要其交代罪行。见此情况，容显成马上让一个工作人员到乡政府报告并打电话向县公安局汇报。他带着其他两名同志跟村民说明自己是县工作组的，阻止他们打人。但群众情绪相当激动，公安局一名股长的手枪被一名村民碰到，他想把手枪从屁股后面移到前面以便保护。有人大喊："拔枪了！"村民顿时骚动起来，情绪十分激动，他们抢了工作队的两支手枪。枪是公安的第一生命，容显成感到问题严重，他想把枪夺回来，但村民激昂的情绪告诉他，这是不可能的事。他注意观察，让一名队员马上到乡政府求助并打电话报告县委。乡支书派来了民兵，到了下半夜，县委副书记也带着三名干部来了，经过劝说和说明利害关系，临天亮时，村民终于将手枪交回。

次日，镇政府派出几十名干部到乡，试图做村民工作，但他们十分抗拒。后来报告佛山公安处，公安处觉得事态严重，副处长带了一批政保干部下来。经过做大量的工作，终于将事件平息。上级机关在评价容显成对事件的处置上认为他临危不惧，应对有度。

容显成对世界的乱象和生命的苦难也有着他安然的应对和淡然的消解。"文革"时"砸烂公检法"，造反派夺权成立了军管会。他始终有着在香港出生这个污点，天天挨检查，定期做检讨。家被一次次地抄，他有写日记的习惯，然而笔记本也被抄了。"文革"初期，他被安排在公安局饭堂做饭、洗菜，到值班室烧开水、搞卫生。军管会调查他的海外关系和学生时期的罪行，发现他的历史清白，成绩优秀，思想进步，不但没有反革命还相当的"革命"。造反派终于无法对他下毒手，他不用去五七干校劳改了，可以继续留在厨房洗菜、拖地板。

他相信阴霾终将散去，1972 年恢复公检法时，他第一个归队，官复原职被任命为副院长。

他又将举起法律正义的旗帜，去当“和事佬”，去作法律判决。

裁判的不公，是对法律的伤害，对当事人的伤害，更是对自己的伤害。不徇私情，秉公执法，是容显成几十年来的坚持。他坚守清苦，坚守寂寞，严格要求自己，遵守职业道德，坚持法官是正义、是神圣的化身，紧绷廉洁之弦，永葆公正本色，使他的人格精神和个人魅力在一个时期闪光。他在人们的心目中地位崇高，更担负起了“天降之大任”。

从 1979 年到 1980 年，正是“拨乱反正”的时期，他主持法院工作；1981 年中山组建司法局，他首任局长；1983 年严打，他兼任严打办副主任；1984 年，他又回到法院当院长。1988 年中山升格为地级市，成立中级人民法院，他出任中院院长。三年换届，他已是 58 岁，快到退休的年纪了，他也想着激流而退。但当时检察院存在一些问题，检察长被撤了职，为了改变检察院的面貌，组织想到了这位老政法人，让他出任检察长。他是老政法人了，中山哪个不识他这张老脸？几十年的历练，他把一个团队收拾得呼呼有生气，带出了一支合格的队伍。

1995 年底，他从检察长的位置退休。历经风风雨雨，容显成见证了中山政法系统的风云变迁。他与中山政法结缘四十载，对政法有着说不尽的情义和依恋。看到如今的法制不断完善，政法工作蒸蒸日上，容老也觉得日子愈过愈美好，更充满幸福感。

孙敏：本色法官

月圆月又缺　欢乐或悲愁
生命的飞扬与落寞
遭遇或命运的不同
是大丈夫真本色
七尺伟男儿　莫道春风得意
不论成败英雄
浊世一壶不低头
人当天道酬勤去自强
我以厚德载物写人生
无言让人流泪　沉默亦是傲骨
太阳染黄的丰硕
你润泽苍生而悯万民
把生命的基调　归真成五彩斑斓

——《原色》

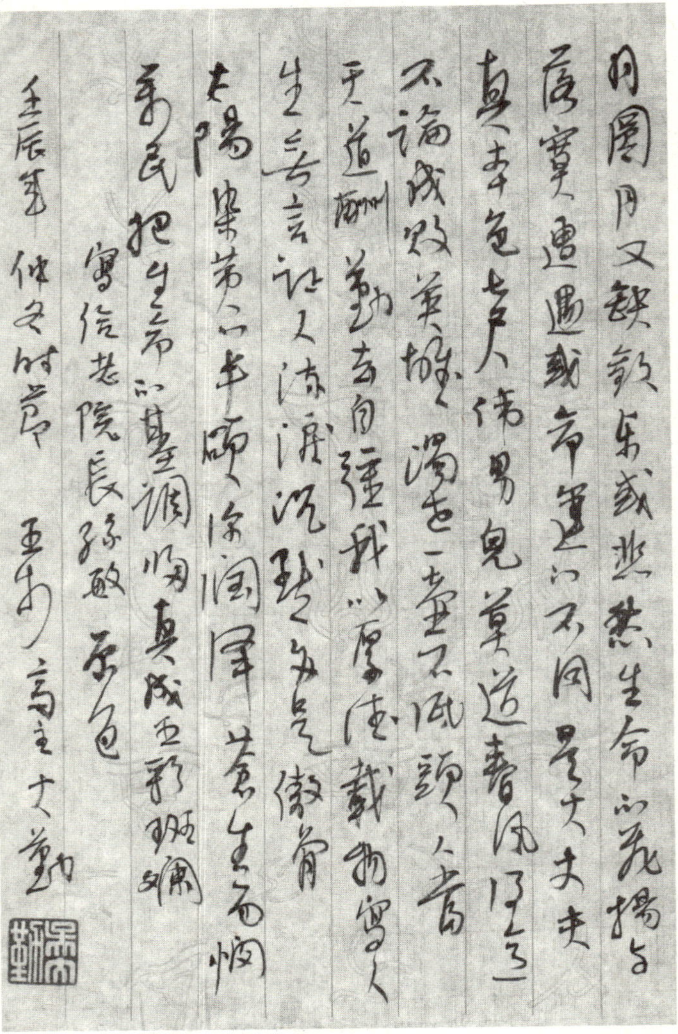

吴大勤/行草

到莲花新村造访孙敏老院长，轻松愉快。

一打照面，他便笑呵呵地叫："大勤同志，我见过你的书画，读过你的文章！"然后请上座，喝龙井，让我俨然回家。

旧房子，旧家私，20世纪90年代的装修。客厅里摆有青花、粉彩瓷器和书画，阳台上种有兰、菊、竹。老院长的家，简单、素朴，但不失雅致，像从时代里走过来的军用老水壶，有些风霜，有着韵味。

水壶里当然还装有陈年老酒，让我们长久品读、回味。

一连数日，我与孙老喝茶、谈笑、聊天，这位已77岁的老法官，拉开岁月之门，回首昨日，海阔天空，时政世事。但他谈得更多的是法制、民生，老百姓的柴米油盐，飞涨的物价，高昂的医药费。

"些小吾曹州县吏，一枝一叶总关情。"高龄的孙老已从法院院长的位置退下17年了，还是心怀国家，挂念百姓疾苦，也看到他对当前社会存在的一些问题表现的忧虑。最后他轻松地开了个玩笑："邓小平都说相信我们的子孙有智慧解决钓鱼岛问题，我们的新一代也有足够的能力解决存在的问题。"从他的谈笑里，我看到他的轻松和严谨，忧虑与乐观。我似乎看到一位本色平民、本色法官的大写生命。

阳光穿过阳台的墨兰、黄菊洒进客厅，不时听到孙老的朗朗笑声，这是个多么温暖的秋天。

一

菊花，在我心中存了诗意。

“菊花残，满地伤，你的笑容已泛黄，花落人断肠。”这份忧伤凄美让人尤感寂寞、伤痕千年，那种痛泣成花台。

1935 年 7 月 22 日，孙敏出生在素有“菊城”之称的中山小榄镇永宁北村。菊城有着渊源，南宋咸淳年间，一妃子心怀他人而逃出皇宫，南投到广东南雄珠玑巷。朝廷一阵搜捕滥杀。珠玑巷避战南逃的士族商贾，便南迁小榄，看见此地黄菊遍野，他们在这个有菊的地方定居生息，之后爱菊、种菊蔚然成风。

孙敏出生的时候，小榄镇并非今日之景象，那时候军阀开战，民不聊生，小榄也是一片破败之象。孙敏共有兄弟姐妹 10 人，他排行老七。父亲先后娶有两个妻子，原配死去后，续娶二房。家里以做手工产业维持，主要是织蚊帐布。日子虽然艰难，总算还可解决温饱。七岁该上学了，他读的是私塾，读“人之初，性本善”的《三字经》，他知道了为人必须善良和忠诚。家里没有余钱为他缝新衣裳，他穿的是哥哥和姐姐的旧衣服。1937 年日本鬼子已入侵中山，那时小榄属偏僻之地，小日本也少有骚扰，孙敏得以专心地读了几年私塾，传统的国文和算术还算学得扎实。1947 年初，他考进了小榄镇私立的三立小学，读的是五年级的下学期。

八年苦战赶走日本鬼子以后，国共又开始拉开架势激战。那时孙敏已是 12 岁的翩翩少年郎，身体萌动，思想也萌动。山雨欲来风满楼，学校里也潜伏了很多的地下党。他的班主任何炳光、学校的教导主任刘伟都是地下党员。老师在教他们文化知识外，经常给他们讲历史、讲革命。当然也会用“春秋笔法”来讲毛泽东、蒋介石和宋庆龄。讲毛主席的《星星之火，可以燎原》和《中国的红色政权为什么能够存在》。有时也讲马克思、列宁和斯大林，少不了的是电影《列宁同志在十月》。革命的同学心领神会，讲台上的老师便知道那个同学将是革命的一员。

孙敏机智、聪颖，学习成绩优异，也不乏激情和幽默。在学校组织的一次题为“我的志愿”的作文竞赛中，他写道：“我喜欢布尔什维克式的革命，为了人类的解放事业，为了人民的幸福生活，我愿意洒下鲜血。因而，我志愿成为一名战士，去战斗。”可以想象热血沸腾的少年孙敏，有着何等的赤诚和激情，是何等地向往革命。

其实，两位地下党员一直在留意着他，私下里也经常跟他谈革命，谈人类的解放事业和那些为革命献身的志士仁人。1949 年初，胜利的曙光在前头，学校组织了 9 名思想进步的同学成立了联英社，孙敏一直思想进步，为老师所欣赏，因而也是这个进步团体的成员之一。当时，两个年纪稍长的同学还加入了地下党。孙敏为自己年龄太小未能进入这个先进的组织存了一丝的遗憾。

新中国成立后，孙敏在小榄中学读初中。他一面读书，一面搞宣传，参加三乡的青年宣传队，唱歌、跳舞、扭秧歌，到各乡村演出宣传共产党救中国、社会主义好等拥护共产党的歌舞。那时候刚刚解放，在黑暗和苦难里走过来的民众在观望，这个世界怎样了？政治思想工作是灵魂，宣传教育工作要在第一线，这时节我们的小孙敏同志还真起到作用。他不但唱“解放区的天是蓝蓝的天”，还唱“大刀向日本鬼子的头上砍去”。1950 年 7 月，他参加了新民主主义青年团，和宣传队一起把党的方针政策送到千家万户。

二

1951 年孙敏初中毕业，他的班主任何炳光在共和国成立之初就到镇政府担任副镇长。他时常惦记这朝气蓬勃、书生意气的学生，当他知道孙敏已毕业时，便叫他到镇政府工作。

家里为孙敏做了一套新衣服，并为他做了一个成人礼，虽然他还有十几天才满 16 岁，并且当地也没有这种仪式，可见他们全家对于这个排行老七的儿子参加革命工作的喜悦。不过这个仪式只是全家一起杀了一只鸡吃了一顿饭，孙敏跟着父亲喝了半碗酒。

他到镇政府报到，副镇长看着他的新衣裳说，革命者不需要穿太漂亮的衣服，他又换上了他的学生装，然后被派到横栏四沙乡搞土改工作。

土改从1950年开始，是党中央消灭封建剥削制度，发展农业生产的一个运动。即把地主土地分配给无地少地的农民，把封建剥削的土地所有制改变为农民的土地所有制，并分给地主同样数量的土地，让其在劳动中改造为新人。

孙敏没有工作经验。这不打紧，在学校他就干过革命或准革命的事。发动群众、依靠群众是革命者的拿手活。

他先走访群众，深入群众访贫问苦，再找村干部聊，然后召集几个自然村的村民开会，传达上级精神和有关规定，听取大家意见，把恶霸、地主、富农、二流子等对号入座，然后与村干部初定，再由大家举手表决。定了成分便是分田地，土地是农民的命根子，他把工作做得一丝不苟。大家觉得这小毛孩很有热情，办事很公道，很喜欢他，有了困难都找他。

不管对或不对，那是一个时代、一段历史，那一辈的人就是这样走过来的。孙敏的工作卓有成效，受到镇政府领导的表扬。

半年以后，他又被派到古镇海洲的麒麟村搞土改，他重复了四沙乡的故事，把工作搞得有声有色。把没收所得的地主的土地和财产分给穷苦的农民，并引导他们发展生产。

1952年土改完成，一年多的工作，确实又苦又累，但他觉得很有成就感。他摸了摸自己的下巴，有一点扎手有一点绒，呵！长胡子啦。

回到家，看着门前的树长高了，他也变成熟了。

孙敏回到镇政府，由于出色的工作，他被提拔为工运助理员，相当于股级干部，他心里乐滋滋的。但他马上警醒自己，人生的路，才刚开始，他要百尺竿头，更上层楼。

没多久，孙敏担任了民主改革组的小组长。民主改革与土地改革是同期的，这两大改革其实都是为了镇压反革命。民主改革是多方面的，手工业、商业社会主义改造，主要针对封建把头制等各种压迫工人的制度，清除隐藏在企业内部的反革命分子和封建残余势力。孙敏负责一个片，包括搬运站、沙口、东庙、下基等地。他把大本营安在沙口，住在工棚里，吃在最穷的农民家里。由于当时的卫生条件差，身上长满了虱子，全身被叮了一个又一个的大包。吃得也不好，正是长身体的时候，常常饿得眼冒金星。在艰苦的环境里，孙敏依然保持着高昂的热情，他依靠贫下中农和工人群众，组织能力强、威信高的工人和农民成立领导小组，在搬运站建立工厂管理委员会和职工代表会议。他通过谈心、开会和各种形式的运动及教育，消除封建行帮的诟病，打击欺行霸市的恶霸，加强工农之间的团结。镇领导称他是民主改革的功臣，为他记了功。

然后他又参加组织合作社、生产合作社。年轻人始终像早上八九点钟的太阳，充满活力和生气。1955 年，他光荣地加入了中国共产党。领导准备调他到镇委从事宣传工作，他刚要报到时，领导说，你不要去了，不能让你这小才子被人家挖走了。这一年的 9 月，他调到中山市公安局。

局领导安排他搞预审、治安和内保工作，之后让他当办公室协理员，搞的基本上是政工类的活儿。新中国成立以后，各种运动不断，从“三反”到知识分子的思想改造运动，从反右派斗争到反右倾机会主义斗争……可谓阶级斗争一统天下，1955年至1957年全国肃反，这是一场大规模的群众性的肃清暗藏的反革命分子的政治运动。新中国成立之初，各种矛盾和斗争不断，中山也像全国一样开展了内部肃反。肃反当然是运动，孙敏又被调去搞肃反，运动当然有着目的性，深入打击反革命分子就是这次肃反运动的主要目的。他始终吃透文件精神，认真对待每一件事、每一个人，以阶级斗争为纲而又权衡左右，不起哄、不私心、更不“打棍子”。这也是孙敏在每次运动中的坚持，这是他生命的特质或本色。生命的特质和本色是人潜在的素质，是人的骨性与姿态，是心灵的内核。本色，是生命的体现。那时候的孙敏对待每次运动、每个事件已有了以人为本的人性关怀，让我们看到他内心的善良。

而后是“四清”运动及文化大革命。生命不息，运动不止，孙敏经历了各种斗争和各式运动的洗礼，可谓立场坚定、斗志昂扬，他始终坚持社会主义和共产党的信念信仰，经受住每次运动的考验。孙敏也参与社会治安和内部保卫工作，1957年他被任命为内保股股长，还曾参加侦查特务并亲自抓住敌特分子。在公安系统近10年，他多次被评为“先进工作者”、“优秀侦察员”，出席省、地区的先进代表大会。

三

正当孙敏干得有滋有味，想在公安扎根将革命进行到底的时候，1965年组织把他调到法院当秘书。法院蓝远院长带领全体人员热烈欢迎孙敏的到来，大家都恭敬地叫他“才子”、“笔手”，他有点纳闷也有点奇怪。原来法院要找一个会写文章的，有人说孙敏学生时期的《我的志愿》早就享誉校内外。他一阵苦笑，那点小玩意早就交给老师、交给运动啦。

写文章是呕心的苦事，这等无心插柳让他觉得难以成荫甚至不堪负重。还好，他还有些底子，硬着头皮上吧！

从讲话稿到总结材料，从工作简报到审判书审核。他找来相关资料和书籍，有样学样地照样画葫芦。书到用时方恨少，他时时提笔忘字，想用的成语老是记不起，要表达时词不达意。他苦恼：“什么文章高手，其实我根本不懂写文章。”他买来《新华字典》和《汉语成语小词典》，有空就看，有空就背。那时候他住在法院里，宿舍的灯光经常亮到深夜，那是孙敏在琢磨一份份材料。慢慢地，他掌握了一些写作规律，也懂得活用一些词汇。

日复一日的三更灯火五更鸡，他的文字鲜活了，他的材料灵动了。

在法院工作，不单要文章写得好，还要懂法。法院人不懂法律难有更大的担当，工作也处于被动。因而他经常向老法官请教法律方面的知识，还买来法律的书籍研究。

干一行，爱一行。孙敏热爱生命，热爱自然，干上这法院工作，他便爱上了法律。尤其是对民事案件那种家里长家里短的烦琐，他觉得有着玄妙。他跟老法官到法庭办案，看到当事人双方情绪激动，唇枪舌剑互不相让，这等阵势让他不知如何为好，但见老法官从容地说法调解，将法律条文规定加以通达地劝说，双方当事人一下子便心平气和了许多。他折服于这种能力和魅力，希望自己也能成为这样的“和事佬”。

跟老法官跑多了，他也懂得了对症下药，各个击破。一次他试着办案。邻里两人因一点小事打架，甲喋喋不休指责对方不是，乙久久不语然后流泪，孙敏知道其中有隐情，便与其拉起家常。乙说出了与甲曾是兄弟一般的情谊，如今关系破裂，还要对簿公堂，内心有着歉意和耻感。乙坦诚地对甲说出内心的愧疚，对方深受感动，两方回忆起旧日的情景，握手尽释前嫌。

大家从此对孙敏刮目相看：这小子可以办案了，能文又能武。

四

“文革”时期，浩浩荡荡革文化的命的造反队伍以不同的形式嚣张于世，干的尽是打、砸、抢的勾当。中山县法院也分成“保皇派”和“革命派”两个兵团，各派均有四五人。因为孙敏平时公道讲理，在群众中有些威信，大家让他当头目，他糊里糊涂地成了“保皇派”的头。

大伙要他掌权，否则社会上那些破坏分子便来夺权。危难之时，他担起重任，不串连、不游行，继续组织业务组办案并处理复杂事件。但在那个阶级斗争的年代，人们很快又把矛头指向他，说他是新资产阶级代理人，要拉他去批斗。好在他还有着人气，很多人保护他，他才免受皮肉之苦。

接着法院由军队管制，一个晚上，一群红卫兵杀气腾腾地冲进法院。当时孙敏身体有恙回小榄休养，接到通知后马上回单位。他急忙赶回法院，看院里满地狼藉，院长办公室和档案室被翻个遍。好在枪支和档案已运送至部队，红卫兵们扑了个空，那小头目咬牙切齿地嚷嚷着要一把火烧掉法院。

“砸烂公检法”后，孙敏成为彭（彭真）、罗（罗瑞卿）黑兵，下放到“五七”干校劳动。因为颇有文墨，他在干校六连当文书，办大批判专栏，写汇报材料。干校两年，让他熟识农业，知道庄稼。每天，天刚蒙蒙亮，一阵哨声，大伙便赶快穿好衣服上山垦荒，或种花生，或植果树，开始一天的劳作。孙敏还经常到石岐食品公司去掏猪粪，用烧过的草皮与猪粪搅拌而成的肥料种植的农作物长得特别好。他热爱上了土地和劳动，春天播种，秋日收获。看绿色的秧苗和金黄的丰收，他心生欢喜，他知道这叫幸福。

这也是生命的本色，本来是劳动改造的苦差，他却在劳动里突显了生命的色泽和光亮。

无论在哪里，孙敏都是忠诚、勤勉、努力地工作。在干校，他彰显着勤劳的本质。一年多以后，他调到八连当副指导员。没多久，又把他抽调到石岐搞运动。几个月后，被安排到银行，从事政工工作。主要是抄标语，写大批判文章。给职工上辅导课，为大家念报纸了解国内国际形势。

时至1972年9月，孙敏在银行干了一年多，全国恢复公检法，县领导要他回法院，但银行行长不愿放人。一年多，孙敏与这里的干群打成一片，相处甚欢，大家舍不得他走。但上级决定不可违，孙敏只得愉快归位。

1975年的夏天，孙敏到张家边搞了一年的社会主义教育运动，他担任西桠村工作组组长。新中国成立后，从20世纪50年代初由毛主席发起这个运动，并贯穿到不同的时期。那时的“社教”自然以阶级斗争为纲。那一年，孙敏迈入不惑之年，对世事世情有了更多的理解。他依然热情不减，努力工作。次年，他被任命为法院副院长，至7月，又被任命为审判委员会副主任。

五

孙敏当秘书的时候，办的案并不多，倒是当副院长时办了不少疑案难案。他当副院长的12年，“文革”已结束，之后便是改革开放。企业开始多起来，外来人员也逐年增多，劳动争议和婚姻家庭方面的矛盾不断增加。中山是改革开放的前沿，中山法院也成了解决矛盾的最前沿。

案件多了，正好让这位副院长练练拳脚。他经常骑着自行车到坦洲、神湾、沙溪办案。村边、田头、晒谷场，经常会看到他的身影。阜沙一起盗窃案，检察院提供的证据不足。他骑着摩托车到当地核实，途中经过东升要过河，时值冬季，河水干涸，他淌着泥泞扛着摩托上艇，通过多方打探，掌握了大量证据。

他带头搞公开审判，在小榄东区村，他组织法院干警和当地群众，由他示范公开审案，大家反应甚佳。之后搞起“巡回公开审判”，到农村乡镇就地审案，为群众解释案件，较好地进行了法制宣传。

他喜欢办民事案，那些千头万绪的纠结，到了他那里便能理得有条不紊。他说办理民事纠纷要有“四心”——耐心、爱心、细心、关心，从当事人的切身利益去考虑，用法律维护他们的权益，办起案来才能得心应手。

一起邻里纠纷，当事人 A 和 B 是堂兄弟，有一块相邻的屋地，A 早已建房，B 经济状况较差，几年后筹到钱后在 A 的屋子旁边盖了房子，A 的房子出现裂缝，A 认为是 B 盖房所致，要求 B 赔偿并向城建办投诉。两家由此结下梁子，兄弟反目，几番要干起架来。

孙敏笑接此案，他点了点头，自语：有戏。

他到房子现场遛了一圈，单独与双方聊了一轮，然后开始说起事儿：“房子是每个家庭的大事情，有了房子就有了家，没有房子真叫流离失所。B 千辛万苦把房建起，本来是一大喜事，你们兄弟一场，没有什么深仇大恨，现在闹得跟仇家一般，一个有房住不进，一个整天不舒坦。”说得两兄弟低下头来。孙敏拉着两兄弟的手说：“两兄弟，有今生，没来世，说说心里话。”B 当即表示愿意赔偿一些损失，A 体谅 B 经济上的困难，不要 B 的半分钱。两人尽释前嫌，当场握手言和。

一起经济纠纷，是某修车老板讨要修车费的案件。原告黄某是修车铺老板，状告李某，李某是一单位的车队长。被告李某单位的车辆全在黄某处维修。车队司机每次修车在原告的本上签个名。后来李某赖账，不愿还十几万的修车费。孙敏分析了此案，觉得从证据上，原告难胜诉。但要直接判原告败诉又于理不符。原告惨淡经营这个修车铺，入不敷出，情绪相当激昂。他咨询过律师，觉得收回债务无望，想血刃李某。被告就是知道原告没证据才昧着良心耍赖。

孙敏从司机的签名入手，到被告单位逐个找到司机，最后确认这些司机的签名。李某看着赖不了了，便说法官不公平。孙敏义正词严地斥责道：“欠债还钱天经地义，你居然钻空耍赖，缺乏起码的做人道德，实在是不知廉耻。”

从这里，我们看到孙敏作为法官的本色，看到他生命的底气。这些，都是做人的规范，做法官的规范，是成就事业、成就生命的准则。

有人认为孙敏一个堂堂副院长不应亲力亲为办那么多案。而他以为：作为领导，办案更有优势。带着一个长，讲话当当响，不要说这个长有权威，至少当事人感到这个案受重视。孙敏还认为自己有着年龄上的优势，人生经验和社会阅历相对丰富，办起案来驾轻就熟。他威严中含着和蔼，随和里藏着幽默。而且他总是热情接待当事人，为他们解决问题，因此深受人民群众的喜爱。

六

1988 年中山撤县升格为地级市，随即成立了中级人民法院。院长容显成到中院担任院长，孙敏便接任了市法院院长一职。一院之长，权力大了，责任也重了。

进入法院之时，孙敏渴望成为一名合格的法官，当他感到自己这个法官做得可以无愧于心时，命运之神赋予了他“院长”的头衔。他马上反思、明心，院长并不意味着显赫与权势，也不意味着荣华与富贵，而要更加坚守良知与责任。

20 世纪 80 年代住房最为紧张，解决干警的住房难题和建设法庭办公楼是最令孙敏头痛的问题。兵来将挡，水来土掩，有何惧哉？他找市领导，找政法委诉苦说难，法院年年进新人，队伍不断庞大，后顾之忧不解决，如何去为人民服务呢？

他要土地，要资金，任院长 6 年，自建了两幢宿舍，建起了基层法庭，年年购置干警住房。干警的福利待遇逐年提高。尤其是那些临退休的老同志，保证他们能分到一套房，退休前任职时间长的同志，也尽量为他们晋一级。

那些从外地调来的干警，生活一般会存在着不少困难。孙敏总是嘘寒问暖，从住房到子女入学，尽力为他们解决。

时至今日，一些老法院人提到孙敏便称其刚正不阿又公正随和，对大家关怀备至。一有时间，就会有老法院人打电话来唠嗑问候。

任院长伊始，孙敏和自己约定：不以权谋私，不接受礼物，不接受吃请；要求别人做到的，首先自己做到，并定下了“对待人民群众热情亲切，为人民群众办事细致周到”的工作理念。

孙敏说到做到。

院长配有专车，但他每次用车，都让办公室安排，从不专车专用，也没指定专职司机。他偶有私人用车，一定自己交汽油费，以至于财务的同志开玩笑说他带坏头。

他的亲戚、同学或老师来访，他从来都是自掏腰包请客。

法院每年都有招工招干名额，他有两个儿子，一个在一家效益比较差的企业，一个待业在家。为了避嫌，他表示，只要是他的亲人，坚决不让招进法院，以至于家人和亲戚对他颇有埋怨。

由此，我们依然窥见他生命的本色和心灵的底线，是一种淡泊和刚硬的精神气质，以及无欲少欲所呈现的刚强节操。守住内心、守住本色，出淤泥而丝毫不染，近雷池而半步不越，在诸多诱惑里咬定青山，写下本真而纯粹的生命之诗。

他要求办公室将每月的开支情况公布。单位的补贴，干群一致，官兵一致，他这个院长和普通员工拿同样的补贴费。

孙敏不但在生活上关心干警，在政治上对他们也是关怀备至。单位的凝聚力、战斗力往往决定于一个有魅力的领导，领导的魅力来自他的担当和责任，来自他的公平和公正。

孙敏的以身作则是一种魅力，他的关怀是一份温暖。他的公而忘私和舍己为人的情义让干警看到光晕，润泽着自己，点燃了生命。

他不让英雄永远无名，他不让“老黄牛”永远吃“粗食”。因而那些工作优异、表现良好的，该提拔的他努力举荐，大胆提拔。有一位书记员工作特别勤勉，完成任务格外出色。孙敏年初提拔其为助理审判员，这位同志以更勤奋地工作回报领导的知遇，大家看到这位年轻人朝气十足，一心埋头工作，年底，党委一致通过，提拔他为审判员。

榜样的力量是无穷的，一年连升两级，给全体干警以鼓舞，大家的工作热情被调动起来了。

“衣带渐宽终不悔，为伊消得人憔悴。”柳永所言大抵是对生命理想的一种追求，而达“完我”之境界。孙敏任院长六年，苦心劳力，百折不挠，让一个团队充满生机与活力，也不断地激励着后来者。1994年6月，他到政法委任副书记，至次年退休。

2009年，中山市人民法院分为第一、第二人民法院。第一人民法院院长罗嘉浩提出了“博识睿达，笃行至善”为该法院的院训，博识睿达是学识的维度抵达的方向，笃行至善是忠贞与坚持达成的圆满。

从老院长身上，我们也看到了这种精神。这八言，如是无字之书，老一辈如孙敏者已实践、印证过了，今天，也让我等后辈握管书写，去践行之。

杨佑生：从列兵到院长

蓄谋已久的苦难
于风浪中折伤翅翼摔断的骨
不在夜里回忆疼痛　没有风筝的童年
驮着日子的单车荡着少年涩笑
肩膀的压力折弯细腰
十八岁的绿军装和红领章
才知道生命的神圣
海疆上的群鸟舞着大海的灵魂
军营生长希望与和平
法庭公平正气有一片晴空
化蝶是漫长的寒冬　鹰蜕绝命一百天
远方的泥泞荆棘和恐惧
从愤怒到微笑　当你不再哭泣
走过的地狱是天堂

——《成长》

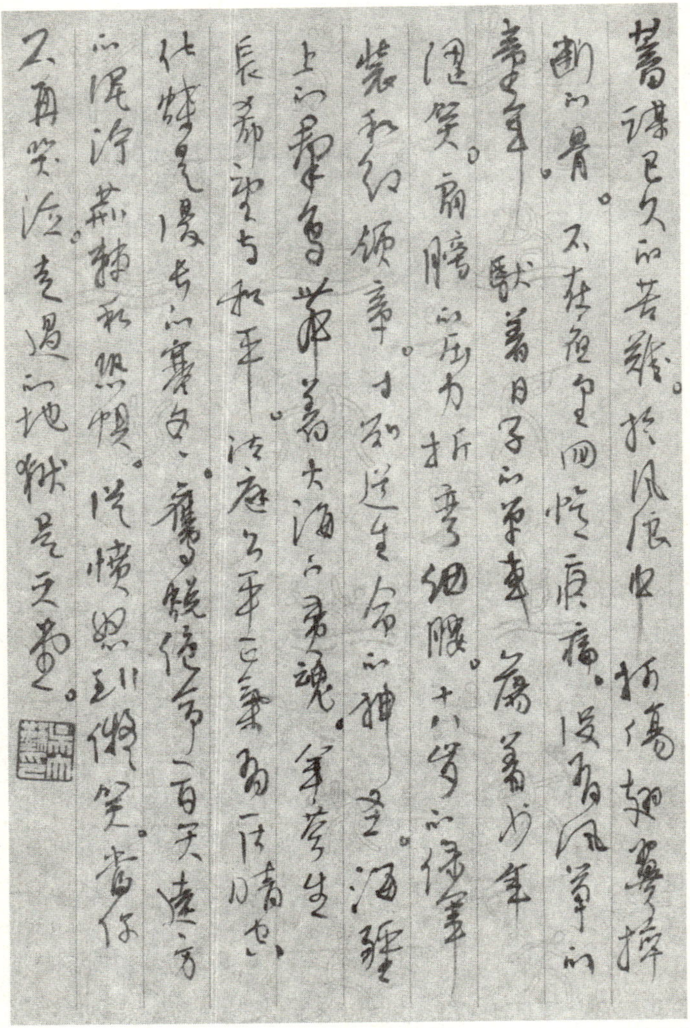

吴大勤/行草

1938年，农历9月9日重阳，杨佑生降生于南国水乡石岐。那时候中日大开战，中山的抗日如火如荼，连年的战事，国穷民贫，石岐这个小镇也甚为动荡穷困，民不聊生。但杨佑生的平凡、平常好像是与生俱来的，他的性格和际遇总似水波不兴地平缓。从上学到工作到参军然后进入法院，由一个部队里的列兵小战士成长为法院的院长，时代的风云变幻、革命的跌宕起伏，他也数易工作岗位，都能淡然从容，心中风平浪静，脸上始终有着快乐的笑容。采访杨佑生，他的爽朗与平和让人一下便走进了他的世界，他有着朴实无华、简单、宽阔的内心。“平常心可存大气度，无为者乃具真性情。”这句话可以说出他的人生。壁立千仞，无欲则刚。也许是多了一些平凡，少了一些欲望，才使他能正确处理权与法、情与义的关系。他以理性和公正，不唯亲，不唯利，唯法以大，唯理是大，公而忘私，让他的生命永葆刚正，内心持有平和，从而拥有了一个清正光明、去留无意、平淡而畅意的人生。

一

“独在异乡为异客，每逢佳节倍思亲。遥知兄弟登高处，遍插茱萸少一人。”这是唐朝大诗人王维 17 岁时在异乡写下的重阳诗，重阳秋高气爽，万物萧疏，让人有着浓烈的伤怀。杨佑生诞于重阳，但他没有这季节的多愁善感，出生时，除了一声响亮的啼哭，他便开始咧嘴欢笑。不谙文墨的父亲也许是心存善良之意，为他取名佑生，不但要善待自己，也要保佑众生。

杨佑生是杨家的第六个孩子，他已有两个哥哥、三个姐姐。那是个艰苦的年代，父母靠做些小买卖维持一家生活。父亲每天挑着榄角从石岐步行到南朗贩卖。母亲有着做榄角的绝活，她做的榄角色香味甘，颇有卖点。一家人住在民生路的一间祖屋里，生活虽苦，但阖家一起，经常欢声笑语，有着别样的幸福。

到 7 岁时，杨佑生开始上学，他就读的是一间私立学校（新中国成立后改为迎阳小学）。因为家里生活困难，杨佑生三兄弟上学之余，在学校做杂差。煮开水、扫大堂和教室、打上下课钟。校长看到杨佑生勤快，常赏他两个铜板，让他买些纸笔。那时节小日本已是降下膏药旗，国共又干起仗来，依然是兵荒马乱，那动荡的日子，学习当然受到影响。人们在观望和惶恐中度日。蒋家王朝要垮了，国家飘摇，经济衰退，一麻袋的纸币，买不到几两白米。

1952 年夏，杨佑生小学毕业。从今天看，这个学历真是太低了，但在那时国家沉疴百年，新中国刚刚成立，人民生活虽摆脱水深火热，但仍是缺衣少食，人人都面临着生存的困难，连肚子都填不饱，能读到小学、初中就算是个知识人了。家庭的窘迫，杨佑生也想着谋生计以让父亲喘一口气。十二三岁的小小年纪，他就跟着父亲跑生意。岐江桥有个农贸市场，主要是买卖蔬菜等产品。杨佑生到那里用单车为菜贩拉菜蔬，每车 100 多斤，能赚到 5 毛钱。到 14 岁的时候，杨佑生已长得像后生仔，精壮结实，他骑单车能驮上三四百斤的货物。日子酸涩，少年佑生在艰难时日里没有埋怨生活，在苦难的岁月里他看岐江河水的缓缓流淌，看太阳的朝升夕落，能吃上一粥一饭一肉，觉得这生活挺美好。

二

两年多的“单车仔”生活，把杨佑生打造得结实如牛。也许是青春期的到来，他总想做些什么，改变些什么，有一番作为。他对另一种环境、另一种生活有了向往，他的内心有些激扬。新中国成立后，这是一个百废待兴的轰轰烈烈的时代，他想融入这个伟大的时代里，挥洒他青春的汗水，有所作为。

1954 年 10 月 20 日，杨佑生刚满 15 岁。是日，早晨秋日的阳光洒进杨家的庭院，鸟儿在叽叽喳喳欢快地叫着，有人通知杨佑生到县财政科上班，让他担任助征员。他跟着老财政到乡镇去征房产契税，收助学田租。杨佑生工作认真负责，谦虚谨慎，大家都喜欢他。春节过后，他被调到县委当通讯员，4 个月后，又被调到沙溪区委做通讯员工作。青年的佑生热情勤勉，任劳任怨，深得身边人的喜爱。

“秦时明月汉时关，万里长征人未还。但使龙城飞将在，不教胡马度阴山。”这些边塞诗总是让年轻人兴奋，杨佑生不是容易冲动的人，但那些边疆戎马的诗篇也使他激动不已，为之向往。1955 年 10 月，中山开始征兵，到军营去，杨佑生内心骚动。来征兵的部队参谋就住在区委里，与佑生的宿舍相邻，他拍了拍佑生的肩膀：“小伙子，报效祖国，去参军吧！”“好呀！”杨佑生仿佛自己已穿上了那套绿军装，挎起了冲锋枪。

但杨佑生知道自己“斤两”不够，他“芳龄”17，未到征兵要求的 18 岁；他体重 80 多斤，不达征兵要求的 90 斤。征兵领导知道他的心思，说年龄不到迟一年就到了，体重不够就多吃些米饭，让他放心体检。杨佑生身强力壮，体魄健硕，打一头老虎也没有问题，当然身体合格。“万里赴戎机，关山度若飞。”那时候毛主席提出“一定要解放台湾”，杨佑生便穿上绿军装，雄赳赳气昂昂地来到广东的最南端雷州半岛部队，准备与国民党干上一仗。

踏进军营，杨佑生还是干他的本行，被分到营部当通讯员。通讯员是领导的半个秘书，不但要传达命令、指示和报告，按时传递文件，还要及时取送、分发报刊和邮寄品。通讯员是为领导办事的角色，因而要忠诚、机警、灵敏和勤奋。看来杨佑生都具备了这些品质，他少说话，勤干活，不多嘴问那些不该问的，不乱传那些不该传的。而且他随叫随到，总是出色完成首长交给他的各种任务。

通讯员虽然肩负重任，但在领导身边，便有点“老爷兵”、“机关兵”的味儿。年轻的小伙子，浑身有着使不完的劲儿。杨佑生想着迟早有一天是要打仗的，军人，当然要冲锋陷阵。他是个平凡的人，有一种知足常乐、与世无争的心理。拿破仑说不想当将军的士兵不是好兵。他真的没想过当将军，那远不可及，但他努力做一个好兵。他渴望在一场战争中以鲜血和生命展示他青春的激情，但那是要有本钱的，得有过硬的军事本领，军事本领是靠苦练得来的。他要求下连队，当了半年通讯员以后，他分到连队。他积极参加军事训练和政治学习，军事素质和政治水平得到提高，也多次受到嘉奖，获得“五好战士”称号。他也从列兵慢慢地干到中士，南国亚热带的太阳把他晒得像一匹黑色的野马，他唱着军歌叫着口令期待着在战场上一展身手。

五年，战争似是远去。他在训练场上的热血开始冷却，1960 年的冬天似乎更冷，他脱下军装退伍回到家乡。

三

回到故土，阖家欢喜，杀鸡烹羊，会须一饮十几杯。

马上要过春节，以后的人生，他想着过年后再展望。虽然他是一个脚踏实地、没有太多理想的人，但他敬畏生命，热爱生活，对人生有着憧憬。从部队退伍回来才三天，民政局安置办的同志就上门通知，让他到土产出口公司上班。公司领导让他担任物价员，这需要有价格及相关专业知识，杨佑生对此似乎一无所知。还好，年轻是他的资本，他热情好学，有着强烈的责任心，很快就胜任本职工作。然后他又从事统计员和采购员工作。这工作也是有着一定的难度，杨佑生不但做到谦虚好学，还化被动为主动，迎难而上。在担任采购员时，他多做调查了解，熟悉市场行情及进货渠道，坚持做到货比三家，比质比价，择优选购，努力降低进货成本，并注意货物的质量。公司领导认为他原则性强，工作灵活多变，称赞他不愧是从部队走出来的。他多次被评为外贸局和县里的先进工作者。

1963 年到 1966 年，全国开始搞“四清”运动，“四清”就是清政治、清经济、清思想、清组织。那时候以阶级斗争为纲，纯洁人们的思想，运动打“左”打“右”把人打得伤筋断骨。那几年在农村和少数城市工矿企业拉开阵势，那时，农村称“四清”，城里叫“五反”，那是一场轰轰烈烈的社会主义教育。这当是“文革”之前奏，有着火药味。

杨佑生思想品德好，政治立场坚，工作热情高，加上与工农兵都沾了边，自然是领导眼中的“优良品种”。1964 年，中山环城福涌大队是省里的一个四清点，杨佑生被抽去和省财政厅的工作队一起搞“四清”，中山的“四清”重点是清工分、清账目、清仓库、清思想，查来查去、清来清去一折腾就是一年多。到次年 5 月四清运动结束，他被分配到神湾公社，在办公室担任资料员。主要收集农村、学校、工厂学习毛泽东思想、生产工作的情况。有时还下乡了解播种插田和收割情况，偶尔还与生产劳动相结合，下田去帮助农民插秧、收稻谷。1968年，满街皆贴满了标语，杨佑生被抽去写街标。他经常提着漆桶，拿着笔刷，以宋体大书“伟大的毛泽东思想万岁”、“备战、备荒、为人民”的大红标语。有一次写着写着，梯子断了，他从三米高的地方摔了下来，腰摔伤了。还好，之后大批工厂、机关、学校人员要下乡去劳动改造，杨佑生因腰部有伤而没被下放“五七”干校接受劳动改造和再教育。不能劳其筋骨，他被调到派出所，担任派出所副所长，跟一个老民警搞公安工作。

四

生命是一种缘，生命是一种等待，某一事件皆为注定或机缘巧合。杨佑生是一个唯物主义者，但他也相信命运，坚信人力改变不了天意。所以他能随遇而安，既勇于挑战又能安于天命。

1972年开春的某一天早起，杨佑生的左眼皮一直跳个不停。他照常到派出所上班，临下班时，来了一行人，原来是县军管委会的领导下乡考察，杨佑生很亲切地迎候他们。军管委会一位副主任很欣赏他的雷厉风行、谈笑风生，很快便开心地聊开了。这位老军人知道他也曾当兵时，便“战友、战友”地叫着，亲如兄弟了。

这位副主任问杨佑生愿不愿意去县保卫组。“好呀!”他开心地应承道。原来，保卫组一位老同志（原是法院的老审判员）快要退休了，他们正物色一个人来接班呢！这样杨佑生便被调到保卫组，并被任命为办案组副主任。

“文革”开始后便“砸烂公检法”，虽然公检法不存在了，但案件还是存在的，发生案件了咋办，这事儿便由军管委会属下的保卫组去整。保卫组管着公检法三家拘留、逮捕、公证、判刑、民事这些事儿。他这个办案组要办的事儿也真不少，那些“地富反坏右”，那些偷鸡摸狗、强奸妇女和“反革命”案件通通都要管。还有，他这个副主任一个人专门负责民事、公证工作。这些对于杨佑生来说十分陌生，通过一番钻研，他很快就驾轻就熟了。

五

“砸烂公检法”的那几年，这种胡闹实在行不通。国而无法，家而无规，此等乱象可想而知。贼喊捉贼，真正的“牛鬼蛇神”把良民作“牛鬼蛇神”批斗，妖魔鬼蜮岂能不成灾。1972 年国家恢复公检法，中山法院也在当年 9 月恢复，杨佑生分到法院，成了法院人。起点就是终点。他已是 33 岁了，已经过了生活的很多风雨。显然他生命的起点、革命的起点早已拉开。但他一厢情愿地把起点定在这里，并在这条道上找寻终点。

这也是冥冥中的机缘巧合，其实他的性格、特质，该是500年前佛前许下做法律工作的。

他担任民庭负责人，民庭起初就他一个人。一杆枪一门炮，他等待着出击。恢复法院后国家法制进入一个新的发展阶段，为了社会的稳定，打击了一批严重危害社会秩序的刑事犯罪分子。

对法律，杨佑生知之甚少。他还年轻，把法院当作起点是因他对这项工作一无所知。他必须从头开始认真学习，没有较好的司法理念和法学理论将很难做好工作。那时候的这种认识也许有些超前，但以杨佑生的人生经历和工作经验，他觉得学好本领是立身之本。从这里，我们可以窥见他质朴务实、不投机取巧的本质。尽管杨佑生尽了力去学习，看旧案，看政策，向老法官学，向书本学，用心琢磨、思考，但还是错误不断。他写的第一份调解书，被院领导一字不拉全部改过来，你说不认真学习行吗？

杨老院长跟我哈哈地笑着：我是从错误中学习，从改正错误中长大的。

从中山县法院三大审判历年情况一览表中可见，1972年恢复法院后的三个多月，新收刑事案210件，民事案70件。刑事案比“文革”前更多，民事案少了很多，离婚案为65件。看来离婚不是今天的专利，离婚案后来甚至连年直线上升，民庭也很快招兵买马发展为6人。

骑单车是杨佑生的拿手活，他每月有十几天骑车到基层法庭或直接到当事人家里，搞调解，做“和事佬”。从进法院到1988年，他走遍了中山的乡村田野。为了尽快办好案，他不分休息时间白天黑夜，不管节假日重要时刻，他骑着单车带着欢快的铃声，带着老百姓的悲喜走进千家万户。乡亲们说，这个法官比我们农民还忙。有一年端午他去办案，骑着单车从三角容奇再到顺德伦滘的羊额大队，调查完毕后又骑单车回到石岐。中午只吃了一个粽子，大热天，满路的泥泞，200 多里地的路程，哎，我们的杨法官真成铁人了！

在基层就地办案，是解决问题的最好办法。有一次，杨佑生与民庭的审判人员组成合议庭到坦洲龙塘村开庭。因生产队长对一位社员有成见，没有按相关规定分化肥给该社员，该社员与队长论理，被队长打了。队长仗势欺人，群众看不惯，都为该社员说话。杨佑生作出了支持该社员的判决，旁听群众拍手称快。这使他明白，就地办案，周边群众对事件知根知底，群众的眼睛是雪亮的，正义在大多数人心里，办起案来就轻松多了。

一宗遗产纠纷案经杨佑生多次调解，双方还是各执一词，互不相让。他来到村里，与村干部商讨，他走进当事人的邻居家里了解背景，他来到两个兄弟当事人家中与他们聊天谈心。他买了酒菜到村干部家中召集兄弟俩一起吃饭，调解从吃饭开始，他做了些法律、法规解释，然后聊家常，从童年往事聊到人生历程、从亲情难得聊到落叶归根。两兄弟和好了，他们说：“杨法官，听你的！”从这里，我们看到他水到渠成的庭外功夫。

张家边一位老人，来到法院直呼杨佑生的名字要他为自己主持公道。他状告自己的儿子不赡养父亲，使他没钱吃饭、没钱治病。杨佑生马上为老人立案，并到张家边找村干部和老人家的儿子了解情况。原来老人有三个儿子，小儿子认为老人分配财产不公，少分给自己，所以赌气不给老人赡养费。杨佑生多次调解，而小儿子性格很倔，因而调解没有实质性的突破。杨佑生似是技穷了，最后欲强行依法判小儿子要定期给父亲赡养费，尽义务。小儿子情绪激动，杨佑生见此，觉得这是一次不完美的调解，案尽管已结，但父子的仇怨矛盾将更深。“文火才能煲出靓汤”，杨佑生又开始发挥他的耐心优势。经多次调解，形势有所发展，父子的裂痕也在杨佑生一次次苦口婆心的劝说中慢慢融合。最后老人流泪，小儿子跪在父亲面前认错，表示愿意尽孝。

一宗离婚案。女方诉称：自己的丈夫在反右斗争中被划为右派分子，在“文革”中又被戴上反革命的帽子。自己是共产党员、国家干部，“群众说我和阶级敌人同盖一张棉被，阶级立场不稳。因此经常被批判、斗争。这种夫妻关系确实难以维持，坚决要求离婚”。男方答辩认为自己对妻子和子女乃至整个家庭尽了责任，夫妻还是有感情的，如果自己不是一再犯政治错误，拖累到妻子挨批挨斗，她也不会提出与自己离婚。要求女方谅解，不同意离婚。经过 20 多次调解，双方各持己见，无法和好。

杨佑生觉得这对夫妻是自由恋爱，经组织批准才结婚的，婚后感情很好。且男方抗日战争时参加了革命，对新中国的成立是有功劳的。他们夫妻不和致使女方产生离婚念头是出于政治的无奈。如果能够给予男方平反，这对夫妻便有和好的可能。杨佑生翻阅了男方的历史档案，发现是男方说了两句对领导不敬的话而被划为右派分子，定其为反革命的证据也不足。杨佑生将情况写成书面意见向领导作了反映。领导和相关部门对此十分重视，经调查后很快就作了“摘掉右派分子帽子，不作反革命论处”的批复。男方得到平反，女方撤回诉讼。这对夫妻和好如初，直到 90 岁依然互敬互爱。

不过杨佑生说，强扭的瓜不甜。有一对夫妇，他做了大量工作，他们勉强在一起，可 10 年后他们还是离了。所以办案也要察言观色，满足当事人的内心所需，不干那些人所不欲之事，一味地追求所谓的调解率。

杨佑生走进法院，一直从事民庭工作，1988 年中院成立，他过去当民庭庭长。他深刻体会到，法官的最终目的是定纷止争，要成为一个合格的法官，除了要有法律知识外，还要有耐心、细心和真心。

六

杨佑生在中院民庭庭长这个位置一干就是 6 年，随着社会的发展，各种案件也变得多元、复杂。他这个和事佬也慢慢地喜欢上这繁杂的民事工作。1994 年 5 月的某天，他接到让他到市法院担任院长工作的通知，他有点不敢相信，但无论如何，决定已是公告了。

当院长后，担当更重，责任更大。一个院不同于一个庭，杨佑生马上调整思路，思量如何做好这个“掌门”。他针对案件不断递增、人员热情不高、大家都在观望的现状，进行了冷静的分析。思路决定出路，细微决定成败。只有用制度管人，才能调动大家的工作积极性，只有给每个人舞台，才能激发队伍的活力。只有人尽其才，才能增强凝聚力，提高战斗力。他确定了“人尽其才，练好内功，打造团队”的工作方针。带着骨干到先进单位学习先进的管理方式和完善的工作制度。修订了财务管理、车辆管理等相关管理制度，制定了审判流程管理、案件质量评查等审务管理制度，勤抓严管。使全院各项工作迅速步入了规范有序、高效运转的发展轨道。

单位的事就是自己的事，当时的法院还是一个正科级单位，而公安局的一个分局就已经是副处级单位了。架构小，职别低，事难为。他向市领导反映，市领导根据法院管事范围等实际情况，批准法院升格为副处级，有些庭室也由副科升格为正科级。

当时法院的奖励制度也不健全，单位虽有受奖但没有立功奖项。杨佑生又向中院报告，使勇抓小偷的、在执行任务中表现突出的，以及助民做好事的同志荣立了三等功。树立了先进，使大家学有榜样。

单位的小事也是大事，要增强凝聚力，福利待遇是关键，他向财局、向中院申请解决干警住房困难问题，市里很快批复了 26 套房子，解决了群众的后顾之忧。他长期在饭堂就餐，了解菜式、米饭质量，敦促相关人员加以改进，使大家吃得好，工作起来有干劲。在公与私、苦与乐里，他总是群众利益在前，个人享乐在后，将个人利益置之度外，恪尽职守，无私奉献。

公生明，廉生威。领导干部只有一身正气，廉洁勤政，才能服众。法院廉政建设很重要，也最敏感。廉政建设不仅需要领导重视，更需要领导干部作出榜样。杨佑生深知领导带头的作用。他叫响了“廉洁奉公，向我看齐”的口号，提出干警做到的，自己必做到；干警不做的，自己必不为。在抓办公楼装修期间，有个单位给他 20 000 元的回扣，他坚决把钱退回。他发现一些苗头，总是对症下药，防患于未然。有一位审判员，赌钱欠了别人十几万，他及时找他做思想工作，该同志筹款还了钱，并决心痛改错误。杨佑生考虑到如果给他处分，也许他一辈子也翻不了身；为了干警的前途，最后只进行了严肃批评。这点也体现了杨院长以人为本的人文关怀。

当官有权，可以奉公，也可谋私。院长权力很大，但如果这权力没用好，难免出问题。在权力的使用上，杨佑生慎之又慎。他生在石岐，长在中山，亲戚朋友不少，这便时常考验他的处事态度。然而杨佑生知道天下为公，知道大公无私。多少次，他的那些亲人旧友找他办事，他总是回避。更有些熟人为那些违法者前来说情，但他们总是碰一鼻子灰，以至于有人说他无情无义、六亲不认。

其实，杨佑生只想做一个平常的人。权力膨胀了，私欲膨胀了，会给人带来虚幻的满足。他以为，用违反原则和违背良心来实现这种满足是可耻的，也终要付出代价。一个人，克己奉公十分重要。

杨佑生在法院工作了 28 个春秋，在 1998 年他退休的那年，组织为了嘉奖他为法院付出的辛勤劳动，表彰他的高风亮节，给他记了二等功。

乔治·奥威尔说，高尚的情操最终总会赢得胜利。那些奉献鲜血、辛劳、眼泪和汗水的领袖，总是比那些奉献安全和愉快的领袖从他们的追随者那里获得更多的东西。

这就是一个平凡者的人生。杨佑生守住内心而甘于平淡，让我们看到了一个奉献者的风骨。

曹寸声：军人素质的延伸

因为爱来到这个世界
你一米六多的身体是珠穆朗玛的高度
高昂的头颅闪电的眼
大步走在自己的光芒里
用一百年踩开三百六十五条生命的路
用一千次虔诚叩开陌生的城堡
寒风冷雨从不瑟缩
雪压冰欺依然微笑
勇敢、正直、廉洁和寡言
生命中高贵的坚忍
你相信黑暗过后的艳阳
在季节里孕育丰硕

——《坚忍精神》

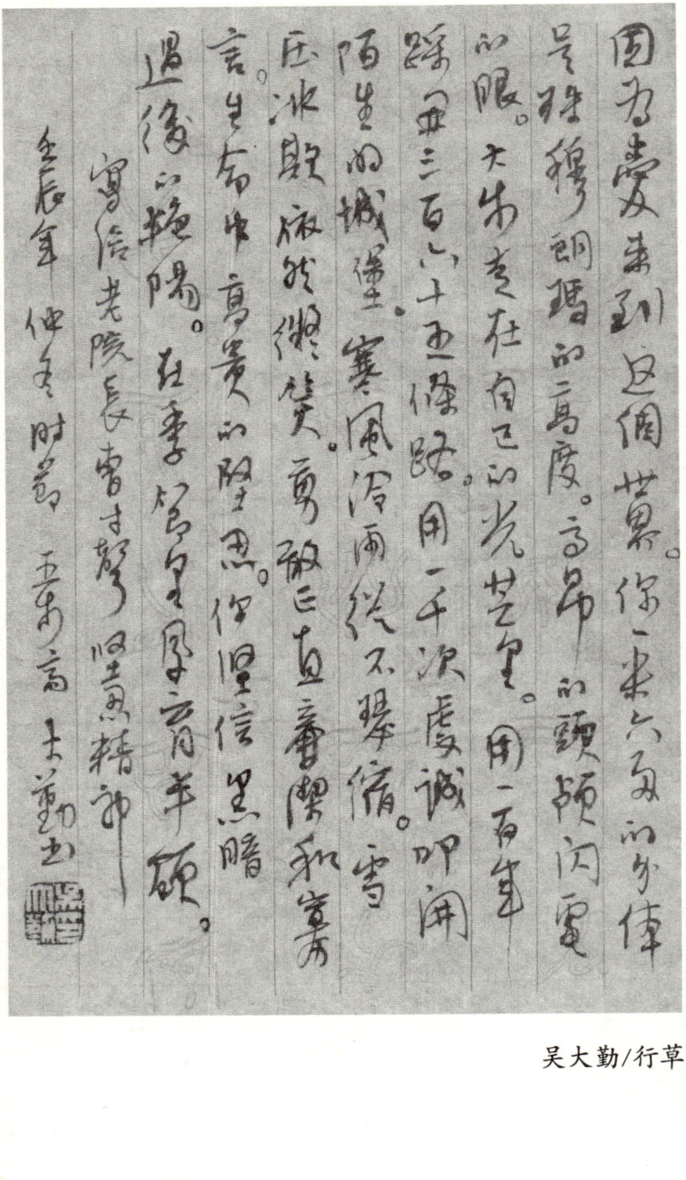

吴大勤/行草

惟有坚忍的人，得享受完全的、无量的报酬。

——《古兰经》

这是一个深冬，打电话给老院长曹寸声，说今年单位有找老领导访谈写篇文章的任务，想到他家与他一聊。老院长斩钉截铁地说："不劳烦，我找你。"十几分钟后，他便来到我的办公室。

曹院长聊得简洁，面多点少，让我长久琢磨。

后找来他的旧部，谈起前尘旧事，让我有了更多的了解。

曹寸声有着17年的军旅生涯，绿色镌刻在他的心中，军人的气质也永远留在他的身上。

坚忍是人格修养和精神，军人有着坚忍不拔的特质，借着这种精神，他们面对生活的困苦和时世的降难而永不言败，以不屈的精神去消解和战胜生命的大痛与苦难，保持心灵的安静。军人以为，苦难是上苍对自己的考验，他们以一生践行延伸着吃苦耐劳的精神。像一艘远航的船，向着远方，向着彼岸。

从老百姓到军人，从军人再到老百姓；从司法系统到地方政府，然后再回到政法系统。曹寸声看起来顺风顺水，一路坦途。

其实自从踏进人生这条河流，他就在湍流行舟，经历诸多艰辛和磨难。

求索者成千上万，成功者寥若晨星。能够走上人生金字塔尖的，只有那些执着而坚忍的人。曹寸声认为自己的人生丰足圆满，但他不认为成功。成功者光环加身，他还是喜欢无名。他以一生的坚韧，去印证生命的存在，印证生命的意义。

一

粤地信宜市东北部的平塘镇平塘村，这里群山如黛，风景旖旎。共和国成立次年的12月8日的夜空，该是怎样的一种绚丽光亮、星光灿烂，曹寸声诞生在这里。这时节，他已有了三个哥哥和一个姐姐，之后，又添了一个妹妹。历经一个世纪的动荡，中国从一穷二白到一穷二白，从一无所有到一无所有，一个国家从贫穷中走向新生。当时曹寸声一家，沐浴着新中国的阳光，开始新的生活。

信宜尽是重重叠叠的大山，云开大山海拔1 700多米，是广东省最高的山脉。这里有着众多的风景名胜，曹寸声家乡附近的石印庙，更是闻名粤地。清朝秀才罗泽棠游过后，写下一首七律诗：“庙貌巍峨印石巅，林溪选胜记当年。岸通行客重门路，河伏奔流万壑泉。旗鼓叠阵芳涧上，象狮并立碧云边。窦州自古称荒僻，毕竟钟灵别有天。”曹寸声童年时经常在这里游玩，使他身上也沾得几分文气灵性。他最喜欢那些古老的建筑和那些楹联，大门那副“石镇波心，文握灵符归静穆；印浮水面，武昭法象寓威严”的对联他至今仍能记住。其他一些经典的对联对他也颇有启迪，如“无极已高恩远照，重门虽设日常关”、“神存缥缈云封径，德驻穹窿昼掩门”。石印庙不但有着许多颇具文学性和艺术性的古迹，也有着各种动人的传说。从小耳濡目染，对于一个少年真是最好的启蒙。

庙的四周是峭壁深涧，野草杂树丛生，一条溪河从中流过，河床左低右高有两块大石突兀而立，有长年清澈的水潭和终日浊黄的浑水潭，那可闻响声而不见流水的地下河更是一种诱惑，使少年寸声有着几多的美好，向往几多的为什么。

到 7 岁，曹寸声入平塘小学就读，他在校里显得聪慧机敏，人的思想品德和学习成绩都很优秀，语文总能拿高分。他的作文，不但有着较好的逻辑思维，想象力也极为丰富。有一次他写了一篇访问抗美援朝志愿军的文章，“他们肩负神圣的使命，雄赳赳气昂昂地跨过鸭绿江。他们要保卫自己的家园，消灭美帝国主义……”这篇访问录在学校拿了最高分，到现在学校还把它作为范文。

小学毕业后，他以优异的成绩考上合水中学，那是全县闻名的重点学校。考上这间学校不但可以把户口转到学校，还有国家供给的粮食。合水离平塘不算远，曹寸声到星期六和星期日便回家，帮父母干些家务，上山打柴。到农忙时，下田播种、收割。十来岁的年纪，便学会了犁地、耙田。他知道农业的艰辛，也感到劳动的快乐。

他读了四年才拿到初中毕业证。那时候“文革”已开始，到处停课闹革命，到处开批斗大会。他也跟着师兄们游行、喊口号。有时三更半夜来了最高指示，他和一群同学兴奋得打起火把，传达着最高指示，高呼“毛主席万岁”、“中国共产党万岁”等口号。

1967年2月3日，革文化的命如火如荼，全国学生到处串连，他也响应上级号召，跟随学校的同学出发到全国去串连、闹革命，他们带着红卫兵证坐汽车、爬火车，去往北京、武汉、南京、广州等地。他们拿着“红宝书”——《毛主席语录》，念着领袖的语录，叫着革命的口号，历时4个多月。

这是那个时代的青年们在大鸣大放、大喊大叫中，挥洒着青春的热血和激情。

二

1969年3月，苏联军队几次对我国珍宝岛实施武装入侵，我边防部队进行自卫反击，击退苏联军队的侵略。这时候，国家开始征兵，很多人听说要打仗了，躲着不敢去体检。曹寸声说：“一人参军，全家光荣。杀敌卫国是每个青年的职责。”他响应祖国的召唤，应征入伍，成为一名光荣的解放军战士。

他来到珠海唐家湾的陆军船运大队，唐家湾是个风景秀丽、人杰地灵的地方，1949年人民解放军解放唐家湾，在这里建立了解放万山群岛联合指挥部，解放了万山诸岛。为巩固海防，驻军总部设在唐家湾，周边驻守着大批军队，这也是孙中山当年的遗愿。

这里的天空高远，大海蔚蓝。曹寸声背着背包，喝着军用水壶里的凉水，对着蓝天白云和海洋有了童话般的梦。

是的，这是大山以外的全新世界，他将在这里开始他革命的征程。

一到部队，曹寸声就进行了紧张的军事训练，当时珍宝岛炮声正隆。他们一边训练，一边做上前线的动员，战士们写了请战书，坚决要求上前线。头一个月的训练特别辛苦，曹寸声像一头小老虎，在训练场上挥汗如雨。各种步伐和军体训练以后，第二个月便是各种枪支训练，步枪、冲锋枪、轻机枪……之后是投弹、五公里越野。几个月的摸爬滚打，曹寸声的口令叫得山响，有了百步穿杨的技能，他感到自己的军事本领可以了，想着是可以和那些侵略者好好较量一阵了。他向往这样的情境："君不见走马川行雪海边，平沙莽莽黄入天。轮台九月风夜吼，一川碎石大如斗，随风满地石乱走。匈奴草黄马正肥，金山西见烟尘飞，汉家大将西出师。将军金甲夜不脱，半夜军行戈相拨，风头如刀面如割。马毛带雪汗气蒸，五花连钱旋作冰，幕中草檄砚水凝。虏骑闻之应胆慑，料知短兵不敢接，车师西门伫献捷。"在部队，"打倒美帝"、"打倒苏修"、"解放台湾"的口号不断。他想着到战场上，发挥自己的所学，报效祖国。

他没有寻找到战场，他的战场就是大海和军艇。他被分到艇上，吃住在艇上。大海呀大海，大海真的成了他的故乡，这精神意义的故乡使他内心飞翔，有了古老而清新的风。每天继续着学习和训练，今天不能打仗，但军人，时刻都准备着战死疆场，“醉卧沙场君莫笑，古来征战几人回”。年轻的心，沸腾激越着。

他们生活在艇上，晚上在艇上看大海和星空，舒缓而畅意。李钢的蓝水兵是纯净的，苏小明军港的夜静悄悄，可是暴风雨来临的时候，那坚实的军艇也承受不了飓风的恣意，他们会撤到小榄或横门避风。台湾特务经常混在渔船上跟踪他们，不过我们的部队都特别客气，“朋友来了有好酒，野狗来了会有一轮打狗棒”。还好，特务们只能远观，哪敢近看。

四年磨一剑，他一直严格要求自己，工作积极主动，学习努力刻苦。1973 年，他的政治思想觉悟和军事能力都达到了一定的水平，他从战士被提拔为副艇长，副艇长是副连级干部。艇长笑他“大跃进”，排长没当就当副连长了。他心存感激，工作干劲儿更大了。

他似乎有一种超常的与战士沟通的能力，与他们谈人生、谈理想、拉家常，如兄弟一般，但与领导交谈他又显得木讷、难有亲和。他自己的分析是：自己出身草根，深知民间之苦，部队战士大多是农村孩子，自己是干部了，对他们别有一番情义；而与领导一直不能心意沟通，还是怕有溜须拍马之嫌疑。曹寸声总归是读圣贤书的人，难免有三分知识分子的自爱和清高。

一段时期，部队经常有战士开小差、闹情绪的情况。他通过与战士交谈，了解他们的思想状态，很快就学会了做思想工作。他用不同的方式与人交流，便能找出问题症结所在，然后对症下药。

他在副艇长的位置一干就是6年多，有人认为他工作做得这么出色，提拔得太慢了，但他总是笑笑："多讲奉献，少些索取！"1980年，他被提拔为政治指导员。他又笑笑，面包会有的。

指导员是部队政治工作的第一线指挥员，必须有高度的工作责任心。也许曹寸声早就具备了一名指导员的能力，但他是一个隐者、忍者。有能力而不泛用，有水平而不张扬。他懂得节制，总是亮剑在需要处，诚如古人的"君子藏器于身，待时而动"。

20世纪80年代是中国改革开放的初始阶段，社会嬗变，人的思想意识也骚动起来，战士的心思也多变起来。这便苦了带兵人，埋怨战士不听话了，鬼了，刺儿头了！

曹寸声通过调研，发现兵难带是因为带兵的不懂得方法。时代变了，战士接触的新鲜事物多了，战士的文化知识提高了。而带兵人传统的管理模式没变，还是一些简单粗暴的"土办法"、"土政策"。他这个指导员有点心慌，赶紧学习，除了文艺书籍外，还买来大量政治思想教育的书，有空便啃。他活学活用，根据现状去研究战士的思想特点，探索新的管理方式和方法。他用秀才的办法对付有思想疙瘩的刺头儿兵，有理有节地开展攻心战，让战士们心服口服。他关心战士的生活学习，关心他们的成长进步，与他们共同解决工作和学习上的问题。他所在艇的思想政治教育、党建工作、团支部工作和拥政爱民工作都搞得有声有色，受到上级部门的表彰。

政治思想工作是灵魂，他是这个艇的灵魂。政治工作是繁杂的，要有足够的理论水平，要有极强的工作责任心。曹寸声在指导员的位置干了 6 年，能够跟随着时代的发展变化和部队建设的需要，针对愈见严峻的形势而有的放矢地做好工作。除了认真学习外，就是思想的转变、意识的转变、观念的转变。

以不变应万变，变，寻找又一村。

变，兵之诡道也，也是军人应有的素质。

三

圣经上说：患难生忍耐，忍耐生老练，老练生盼望，盼望不至于羞耻。曹寸声似是阅尽其意。

时光荏苒，转眼间曹寸声在部队已过了近 17 个年头。一个青春的生命已迈向中年。战争年代，一场精彩的恶仗便会出几个将军或校官；和平时期，不是“官二代”、“富二代”，干死干活到白头时也许你也只能是个士官。士官只是个战士，但这战士可能会比那个将官校官更有才能，这就是命运和机遇。

面对一个时代的诸多荒唐，我们经常会充满耻感，但我们更应当心存包容和平常心。

曹寸声戎马 17 载由“大跃进”而回到“解放初”。他的进步显然是慢了。而他说：人生如潮水，有涨也有落，要紧的是在潮涨时要戒骄戒躁，不得意忘形；在潮落时要充满自信，坚定如一。

1985 年 12 月，曹寸声告别军旗，脱下绿军装到地方工作。他的脸上依然带着笑，无论前路如何坎坷，他总是充满信心和憧憬。

他转业来到中山县司法局，被分到宣教科，职位是办事员。司法局成立于 1981 年，也算是一个新单位，曹寸声这个新人，当然也坚决地如一新战士，但是他有着非一般的执行力——军令如山，再也没有比军人执行力更强的了。

环境虽差，他没有一句话；职位回到解放前，他没有一句话；工作很苦，他没有一句话。来到军营的第一天他知道服从命令为天职，再大的困苦和逆境，都要英勇顽强出色地完成任务。

那时正值中山在搞普法，曹寸声被放到普法办写材料。普法办的材料要求很高，老笔手写的材料常被省、中央转发。写文章本来也算他的强项，写个心得体会、读后感没问题，可要写起大材料、领导讲话稿来还是犯怵。谦虚谨慎也是军人的好习惯，不懂便问便学。他又找来一堆资料，买来一摞的工具书，有空便钻研。他有一个文笔好的战友，他就把写好的东西让他看，请他指点。记得第一个材料，差点让战友重写一遍，羞得他满面通红直抓自己的头发。经过一阵子的挑灯恶补，他的笔下终有“游龙飞翔，凤凰舞蹈”。

这期间，他不但努力工作，还学习了很多法律知识。1987 年他参加了孙文学院法律专业的大专班，学习两年毕业后常被邀请到各学校和单位上课，后来还给人大常委会的老领导讲课。可谓掌声一片，好评如潮。

曹寸声延续着军人的优良传统，努力工作，刻苦学习。工作带给他快乐，学习让他获得知识。如此三年多，组织让他到环城区办事处挂职，职位是副主任。提升了，他没有大喜，只是笑笑。爱是长久的忍耐，他知道忍耐带来的力量，沉默带来的机会。拳头放弃搏击，是在积蓄力量，因为只有收回的拳头打出去才更有力。

环城区在中山南部，后来改成南区。20 世纪八九十年代，全国以经济建设为中心，中山的经济也正在起步，但各种设施还是极为落后。尤其是农村，更不见改革开放最前沿的景象。曹寸声来到环城，这里的泥土飞扬，这里的房屋低矮。面对恶劣的环境，他内心似乎有着底气。这也是军营带给他的自信。是的，虽没经过战争考验，但他已有很多的历练，心理素质良好。好像知道自己要做什么，但该怎么做？他到环城区了解基本情况后，便一头扎到农村和工厂里。掌握最基层的现状，了解他们的实际困难，帮助他们发展经济，发展农业。是的，搞好经济、发展经济、让人们过好生活是当务之急。这一年的扎实勤勉和取得的成绩，让领导看到了他的能力，次年他被提拔为主任。

因为责任和担当，他为领导所赏识。军人的责任感如影随形。大到国家，小到乡镇、个人。

敢为天下先，做别人不敢做的，是一个军人的要求也是一个有担当的决策者的魄力。

今日的南区宜商、宜业、宜居、宜游，这种氛围与当年的领导创业有着关联，也当记上曹寸声的一份付出。环城管辖10多个村庄，人口60 000多，旅居海外乡亲逾40 000人。但当年连一条像样的公路也没有，更不要说现代化办公楼和设施。但这里资源颇丰，土地肥沃，物产丰富，所种龙眼、荔枝、香蕉颇有名声。招商引资，发展经济便是曹主任要唱的主旋律。农业似乎是他的本行，发展规模化、效益化农业，推广引进各种优质水果，种植优质粮食品种和蔬菜瓜类，养殖鱼虾、生猪及三鸟。

建桥修路，美化环境，有美巢而引百凤至。路能财通，基础建设搞好了，才能吸引更多的外资来这里扎根闹革命、挣大钱。

为官一任，造福一方。又是一个6年，曹寸声深入农业的根部，寻找经济的源头。

他看到了高高堆起的稻谷，他看到了众多企业在这里落户，他看到了山青水又绿和村民们鼓起的腰包与脸上的笑。

只是曹寸声脱了一层皮，苦，只有他自己知道。

毛主席重上井冈山，千里来寻故地。曹寸声把环城区带好了，便重回司法局，担任副局长，这工作他驾轻就熟，因此便有了“到处莺歌燕舞，更有潺潺流水，高路入云端。过了黄洋界，险处不须看”的感觉了。

四

曹寸声渴望生命的灿烂，他以坚忍寻找成功的阶梯，路走得坚定、宽阔。

“天将降大任于斯人”，1999 年 6 月，南国蝉声一片，曹寸声被委以重任，到中山市人民法院担任院长。

新中国成立以后，中国的法治处在一个盲点。“文革”中成千上万的老干部被摧残是无法治疗的惨重伤痛，正是一场浩劫才催生法治。30 年前，法律得到振兴升温，但由于沉疴已久，法治便时冷时热。20 世纪末的中国法治，也是众声喧哗，但已撑起一片晴朗的天空。

经济的发展也引出社会的诸多矛盾和各种问题，法院是化解矛盾、解决问题的地方。这时期各种案件骤增，90 年代初处理的 2 000 多件逐年递增到 90 年代末的 13 000 多件。当时法院有 150 人，人均案件数在全省排第二。

第一次到法院当家，曹寸声觉得有些茫茫然，但他更喜欢这种挑战，他似乎是为冒险而生。在军营，第一次打靶、投弹、演习；到地方，第一次写材料、当主任、当局长……哪一样都是在冒险，哪一样都是在练胆。

世界上本来没有路，走的人多了，便有了路。他当然不会走鲁迅那条路，但他走的依然是一条坎坷荆棘之路。

当然，他懂得马克思辩证唯物主义的游戏规则，知道一分为二，了解透过表象看本质。

案多人少一直是困扰法院的一个问题；办公设施简陋和办案经费短缺又是一个问题。

任何一件事情，只要你用心去做，一切困难会变得简单。

调研寻找症结然后对症下药，是曹寸声从部队学会的解决问题的办法。办案经费短缺和办公设备简陋，制约了审判工作的进行。陈旧的审判方式，僵化、禁锢了人的思维，影响公正和效率的统一。

变，曹院长再次思变，变则通，通则久。这既是上级的要求，又顺应时代的需要。他化变为“五抓”：抓审判、抓改革、抓队伍、抓基础、抓调研。机构改革和审判改革伤筋断骨，27 个法庭合并为 7 个中心庭，20 多个庭长缩成 7 个。年纪大的要离岗，还有没有本科以上学历的审判员要下岗。当时的工作不好做，但曹寸声把工作做细，这也是他的拿手活，注重细节是军人的第一课，从直线加方块的细节，到打扫卫生不留死角的细节……他知道，细节决定成败。“问渠那得清如许，为有源头活水来。”改革，激活一潭死水，审判管理机制显现出蓬勃生机。

单位要有向心力，领导要有亲和力。他崇尚英雄主义，但更注重团队精神。众人拾柴火焰高，他和干警们同甘共苦，汗水换来硕果。民商事、刑事、行政、执行案件取得突破，各类案件的结案率稳步提高，审期大为缩短，案件的质量有了质的飞跃，审判工作的被动局面得到扭转。一套公正、廉洁、高效、规范、有序的审判管理模式日趋完善。

实行奖勤罚懒、优胜劣汰制度，实行竞争机制，唯才是用、唯贤是用，不拘一格降人才。这调动了干警的积极性、主动性、创造性，挖掘个人的潜能，鼓励大家学业务、学文化、学科技。打造了一支政治合格、业务精通、作风优良的法官队伍。被全国最高人民法院、省高院评为“优秀法庭”、“先进集体”，立功受奖、各种先进层出不穷，“优秀法官”和“办案能手”脱颖而出。

队伍要有凝聚力，队伍要出战斗力，就要有好的环境。作为改革开放最先的珠三角，是该有优美的办公场所。这是他上任伊始的一个构思，也是全体干警魂牵魄系的梦。看着法官们在狭小的办公室里艰苦地工作，他就想着任期内一定让大家搬进舒适的现代化的审判大楼。他开始付诸行动。找地皮，要资金。一个又一个的报告往上打，一趟又一趟往上级机关跑。他不善于与领导打交道，但为了集体利益他练成了与领导沟通的能力，知道本质，这不是“会闹的孩子有奶吃”，是“孩子饿了要吃”。抓住实质，纲举目张。他以事实去论述辩证，经多方努力，拿到地皮，筹够资金，这就是真理。

他指定一名副院长负责基建。为节约开支，积累资金，他紧缩多项开支，可谓节约闹革命。接待，在饭堂应付；外出办事，吃大排档，甚至跨省参观也是住低价宾馆。

为尽可能地降低工程价款，他参与合同的谈判，不厌其烦地讨价压价还价。包工头要给他礼物请他吃饭，他说拿你的吃你的，是拿自己吃自己的钢筋水泥，坚决不吃不拿。

2001 年 12 月至次年 5 月，沙溪、张家边、坦洲、黄圃、小榄五个法庭颇具规模的新审判办公综合楼投入使用，法庭面貌焕然一新。一些镇区和企业捐来钱物，“吃人的嘴软，拿人的手短”，为了保证办案公正不偏袒，法院拒绝了所有的捐赠。

法院审判大楼的建设，更让他耗尽心血。一座占地 24 亩、建筑面积近 20 000 平方米、高 11 层、内设 23 个中小审判庭，集审判、办公、教育培训等功能为一体，设施先进、配套齐全、庄严雄伟、气势恢宏，彰显着法律文化和时代文明敞开式的审判大楼高高地崛起在中山市标志道路——博爱路 62 号上，成为中山法制建设一道最为壮观的风景。

为了提高干警的政治待遇，他多次向相关部门申请，把法院内设机构和法庭升为正科级。他看到干警们加班加点很辛苦，大家的待遇不高，他便找到管政法线和管财务的市领导，向他们要夜餐费和加班费。领导难找，这不要紧，他懂得游击战、麻雀战，看你往哪里逃。

5 年多，他打造了一支完整的特别能战斗的法院队伍，他也调到政法委当副书记。

“春蚕忍受着茧的束缚，把纷飞的梦想留给明天；贝壳忍受着沙石的打磨，把晶莹的珍珠留给明天。”

蜡烛以一夜的滴血，亮堂了别人。

曹寸声，以其一生的隐忍和忠诚，延伸着军人的素质，让我们看到了春光的明媚、人世的美好。

严一林：小路·大道

黑夜里的眼睛是寻找的路
在迷失的灵魂点灯
以一根拐杖在泥泞中爬行
少饮三杯增智知收残局
多煮一壶长勇运筹帷幄
人生苦短酒枯涩
饮下是危机　不喝有风险
以酒当水吞下的药
涅槃的凤凰是什么样的鸟
生命轮回是死一轮生一次
生的伟大死不可惜
浴火以后是重生
再一次的梦中是太阳的神光
走过黑洞通向的光明

——《通往光明》

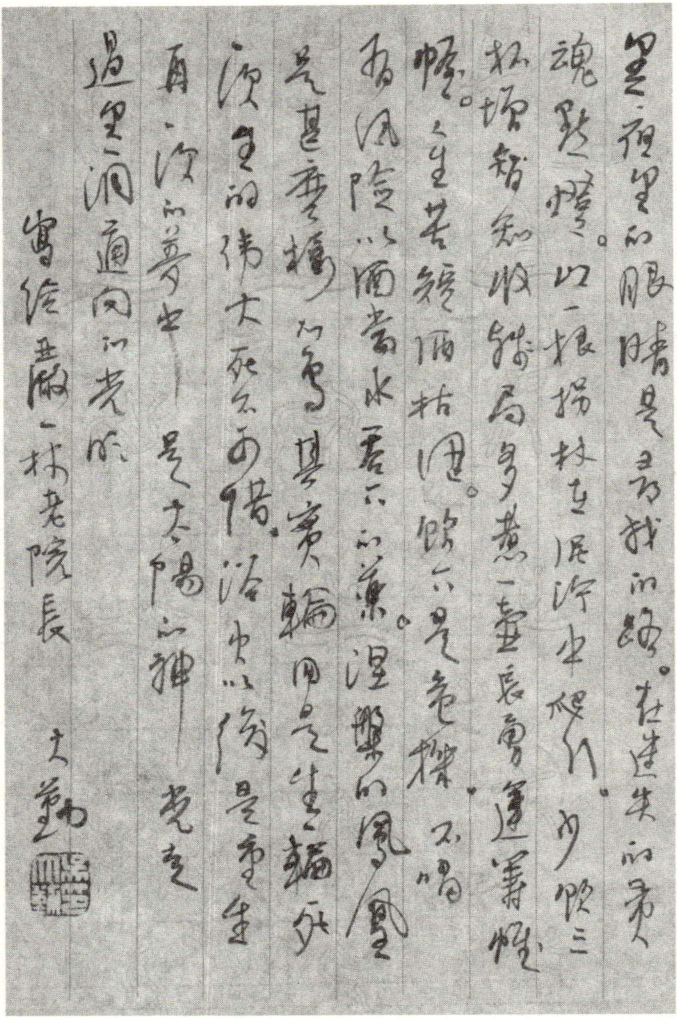

吴大勤/行草

小路可以通往大道，坎坷之路可以走向坦途。

大与小是一种辩证，从艺术美学上会给你带来美感。注意细节可成大事，做好小事情便可成就大事业。

严一林似乎深刻理解这种小与大的关系，在他的人生里也正确处理好这种关系。

他喜欢大自然，因而时常在大地上行走。“一条小路伸向远方 / 到处有撒落的阳光 / 林中的柳树 / 静静地耸立在小路两旁 // 浅浅的车辙 / 是谁曾把沙土飞扬 / 岁月默默流淌 / 曾把多少故事深藏 / 飘洒的落叶 / 曾经沙沙作响 / 如痴如醉相伴杨柳 / 无怨无悔地久天长 // 蓝天映照冰花怒放 / 桂冠诗人在轻声吟唱 / 小路无言遥望远方 // 似乎在倾听新的篇章。”他喜欢这首名为《小路》的诗，当然他心中的小路有着飞翔翩翩，有着曲折离奇。

那天严一林走在乡间羊肠小道，他欣然自得地一路走着。回首六十载的生命历程，如是走在这弯曲的路。就这样，或峥嵘岁月，或火红年代，或迷茫日子，都深深浅浅地把那时光的欢乐和悲愁镌刻在生命的轨迹里。

他总是相信生命中有一种叫缘分的东西，三十年河东，三十年河西。当他走过青春迈向 37 岁的那一年，仰望高天，他居然对外面的世界有了无法遏制的向往。他来到中山，结缘中级法院。时光是那轻快的流水，转眼已是 20 多个年轮。廿载的风风雨雨，他沐浴着领导的关爱和同事们的友谊，一路走来，逐渐强健人格，不断完善人生。再回眸，在法院的点点滴滴已重重叠叠成心中深厚情谊。

1990 年 11 月，南国的中山依然暖意融融，他从家乡梧州来到美丽的中山。开始了他的未知，开始了生命新的旅程。

记得报到的那一天，副院长钟伟明拍着他的肩膀："我们是从你的人生经历和那一摞优秀证书中看到你的成长足迹和取得的成绩的，继续努力吧。"更记住了容显成院长的一番话："一个人的人生道路与他的成长进步，都是要靠自己的不断努力和拼搏的。"两位领导的知遇和期望让他倍感亲切、温暖，给他展开人生新的篇章以莫大的鼓舞。

初到中山，尽管这里改革之风已刮了十多年，由于刚刚升格为地级市，当时的中院刚建院一年，处在创业初期。硬件设施薄弱，干部队伍奇缺，规章制度尚未步入有序。办公借用在市法院的三楼，一个十多平方米的房子，满满地挤了七八个人。依稀记得刚到之时，他是中院的第 26 个工作人员，工号是 26 号，一个挺好的数字。

要说当时一点想法没有，那也显得他不厚道。他出身于干部家庭，受过艰难的工农兵历练，在政法部门打拼近十年，破过大案，立过二等功。他和妻子都是科级干部，在家乡那座小城，工作、生活都比较优越。他带着母亲妻儿移师中山，先租住在老安山一个不足 70 平方米的农民房里，后来又换了好几个地方。尽管母亲、爱人脸上有笑，但他读得出她们笑中的苦涩，只是儿子少年不更事，有一天冷不丁问了一句："爸爸这房子怎么越换越小了？"他瞪了眼："小孩子你读书没读到孙中山的'革命尚未成功，同志还需努力'吗？"他摸着孩子的头哈哈大笑，逗乐："房子会有的，面包会有的。"然而心还是有隐隐的酸楚：童言无忌！

说他是领导干部的子弟，公子哥儿，其实他是一个特别能吃苦的人，也特别能和贫苦人家打成一片。15 岁，父亲是一个地方的头。一方"诸侯"，本来可以逃避下乡插队，可他偏爱那艰苦的地方。他插队的地方在藤县南安一个很偏僻的小村子。在那广阔天地，当然不会像那老人家讲的大有作为，可他真的感到自己大有作为了。他个头不大，能挑 100 多斤的稻谷疾跑如飞。他犁田耙地，把一头大水牛驯得服服贴贴。他耐力惊人，在水塘里扎一个猛子就是近百米。在生产队里，队长总把重要工作交给他，社员们都说："一林人小却能挑大梁。"农村生活真好，他在苦难里思考大与小、苦与甜、荣与辱，甚至生与死的辩证关系。在这无边的冥想里，宽阔着他的心灵。

他经常在乡村的小路漫步，乡间小路，总是崎岖不平，坎坎坷坷，浮尘弥漫。晴天像沙漠尘土飞扬，雨日像泽国泥泞不堪。他爱这泥土，更爱路边的花草果树，他能感受到山水间大自然的芳香。他心里嘀咕，以后有能力，一定要把这条小路建成一条宽阔的水泥路。后来他果然实现当年的无意承诺，把这条小路修成了一条柏油大道。

因为能吃苦，没有一点纨绔子弟的范儿，村里人都喜欢他。那年有一个征兵的名额，生产队里一讨论，一致认为严一林是最好人选。

在部队，他依然是刻苦耐劳，勤勉工作。训练场上他像一个小老虎，投弹、射击、军体拳、战术……他样样都是优秀。部队看到这个军事标兵是个好苗子，准备提拔他为干部。可他偏打了退伍报告，他好像是对人生有着独特的理解："当几年兵是神圣的，和平时期，长期待在部队会让人多了惰性。"

他回到家乡，从检察院到法院，热衷于政法工作。其实他是干一行爱一行，抢着办疑案难案，年年立功受奖。他不但认真做好工作，为了适应时代的发展，参加了法律和中文两个大专班的学习，并以优异成绩取得双大专的文凭。

他喜欢挑战，喜欢生活多一些味儿，也许他是喜欢在艰苦里锻炼自己。他真是自讨苦吃地来到一个陌生地，以苦为乐、以苦为荣也是他的辩证哲学。小路弯弯，悲欢离合，他内心有一条三月的河流，他要壮丽地流淌。

来到这个新地方，十几平方米的办公室里挤了七八个人是狭小些，但大家相处融洽，有说有笑。从省高院调回来的才子林少棠，满腹经纶，风趣幽默，经常与大家通宵达旦地说法、论史，有时也会吟些唐诗宋词，最爱是徐志摩的《再别康桥》。但他肯定想着带走那一丝云彩，最好还有一朵鲜花。办公室里那张藤沙发不知何时便成了他的专用卧床。美女郑艳霞，未满20，却是庭里不可或缺的“管家婆”，既当书记员又当内勤，里外一把手，有时还会和林大才子论论法理。老庭长雷焕彬学历不高，却判案奇准，不少经典话语流传至今。怪客黄少江，爱石成癖，经常对石发痴、枕石而眠……

在办公室，有些酒意时，林少棠便调侃：“当年毛主席在那十几平方米的八角楼不是写出光辉的《中国的红色政权为什么能够存在》吗？我林某也要在这斗室整些“林氏法语”传世。”说得大家一阵开怀。不过林少棠兄果真在这里折腾出不少东西。后来他当了副院长又赴任了法制局长，坐在宽大的办公室却少了几多才思，时常想起那间让他闪烁思想灵光的陋室，感叹：山不在高，有仙则名呀！

历史是阉出来的，思想的灵光是逼出来的。后来这位林大才子剃掉胡子剪掉背头正襟危坐，数度想吟诵几段长短句时，只能仰天叫一声：呀！

严一林慢慢地喜欢那间小屋，他知道这小屋是酝酿大屋、蕴藏大事的。那风扇轰隆隆的响声，透着几个男人的汗味、院花的香气。那残旧的办公桌，堆积着各种案卷材料，同事间相互有几句问候、玩笑，间或是谁出差或探亲捎来些土特产，都会给大家带来无限的欢乐……那就是1991，那种“没有”的畅意；那种有花芬芳，有树翠绿的幸福，他因与这里人、事、物的契合而心生喜欢。

处于改革开放的前沿，中山的经济较为领前，各地赶海淘金者纷至沓来。社会治安、民事纠纷、刑事案件，随着形势发展而激增，法院也热闹起来了。那时几个审判员，常常是法警、书记员、审判员、审判长轮流当。钟院长更是什么工作都一马当先，亲力亲为，既参加合议庭审的大案要案，又下乡看案发现场，调查取证，还亲自指挥枪决罪犯，让属下叹服。

那时候工作琐碎、繁杂，立案、审判、押解犯人，几个同事，挎上那沉沉的五四手枪，雄赳赳气昂昂俨然又回到从戎的年月。

严一林最喜欢下乡的日子，和省高院复核组的领导办完案后到河里抓鱼，到地里摘菜，然后在村前路边支锅烧起饭来，每人做一道菜，钟院长最拿手的是蒸蜂鳝，他的红烧鲤鱼也颇受欢迎。虽然常常不是烧煳了饭就是漏放了盐，但在那空旷的田野上大家像大获丰收一样席地就餐，欢声笑语，其乐融融。仿佛又回到在农村插队的情景，亲近了土地和田野，感受那锐利而无华的气息。

20 世纪 90 年代，是最为骚动、浮躁的时期，大地涌动春潮，中华民族万象更新，我国经济急速发展。时代的骚动带来社会的混乱，天道不爽，法以澄明。法院的担当就是还世界以清明，给事件以公正。在那严打时期，他当时所在的刑庭肩负大案重案的审判。那时案件如麻，案卷堆积如山。为了保证案件质量，几个审判员常常日夜加班，院领导也常常参与他们的奋战，那股认真劲，对案件的每个细节都决不放过，让尔等小辈也感染了这种严谨、勤勉。院长钟伟明，每有大案都要过问，每个问题一定要弄个水落石出。有好几次，他们共同加班到凌晨，回家睡觉后电话响起，钟院长因对案件中有些问题没有琢磨清楚，心里不踏实，来电了解案情。一次，看到钟院长疲惫的双眼通红，严一林叫院长歇一下。钟院长说："我们吃皇粮的，首先是要把工作做好，案件没办好，老百姓才不管你累不累。工作做到让老百姓满意了，我们的功课才算做完。"这句话一直铭刻在他的心里，也成了他以后工作的准则。

杨钧源、黄鉴初是他生命中不可缺少的良师益友，是冥冥中心灵的一次长久邂逅。与他们的相遇，使他对北岛"高尚是高尚者的墓志铭／卑鄙是卑鄙者的通行证"有了存疑，诗人的偏颇决定他们咬牙切齿的说话方式。中院20年，从硬件建设、人才引进、队伍打造，都凝聚了几届领导的心血和智慧。两位院长都是行伍出身，他们思维敏捷，行事雷厉风行，使他感受到一个真实生命的鲜活和飞扬，一颗灵魂的纯粹性。扩建办公楼的日子，杨院长经常扎在工地里，一身泥巴一身汗，保证工程质量。多少次他的亲友同乡为开脱罪名找他，他不是不讲情面，只是把道理说得很有嚼味：犯罪，是不道；逃脱处罚，亦不道；一个执法者为罪犯开脱罪名，是大不道，会亡国的，天地不容呀！

时代的嬗变和发展，淘尽多少英雄、"狗熊"。黄鉴初院长能够在时代的洪流中弄潮，是因为他的学习。他的阅读和思考，使他如同闲庭信步般处置繁杂的事务。他对事件的处理，总是出师有道，无懈可击。几次与他出差，他都是手不释卷。严一林有一回因读《论律法》一书，便"显摆"地与他谈起斐洛的思想，没想到他竟侃侃地谈斐洛的

“论十诫”，说起犹太人第一次出埃及用律法塑造其民族性，律法所彰显的“内聚”功能，说得他瞠目结舌。黄院长笑着对他说：“书本是会教我们分析问题解决问题的方法的。文化和知识是多么的有魅力！”使他感觉到“法院文化”的重要性。

魏巍在朝鲜的每一天里被一些事情感动着，严一林在中院的日子里被一个人感动着。法官崔燕，把罪犯送进监狱，却了无声息地资助罪犯那穷困的家庭，让他的孩子受到正常的教育。孩子的每个生日，她送上生日祝福、蛋糕，孩子在失落的世界获得欢快，泪光闪烁。从她身上，他读出了大爱无疆和嫉恶如仇，获得智慧的清气，心灵受到教化。

老副院长雷焕彬就这样操持、劳碌，病了，也没放下手中的活。“法院是我家呀”，他爱这个家。工作那么忙都累垮了，可他硬是觉得这种累、这种苦是一种乐。退休手续都办了，还在问这个案件、那个庭室，还要看看那堆案卷。看着法院门前那排芒果长高了，他抚摸着用了多年的办公桌，泪水便跳出，跳出一位经历了任何艰难困苦的老法院坚毅的眼眶。他领悟到了什么叫做职责之爱，什么叫做最后的忠诚，什么叫做鞠躬尽瘁。看脉脉的夕阳无言的美丽，怆怆然成生命的绝唱，他坚守内心的底线——默守崇高。

在中山 20 年，中院看着他长大，他见证了中院的发展。在迷执和光明的踏板上，在智慧和沉思的菩提里，寻找忘失的本愿，在空明辽阔的时空里行走。他从一个普通的审判员成长为基层法院的领导，全赖有众多领导的苦心培养和同事们的支持。作为一个法律工作者，他见到了一个个领导和同事为了心中天平的公正，为了捍卫法律的尊严殚精竭虑，作出了不懈的努力，他常常心生敬意。

他从小到大，由一个小审判员到他知足常乐以为大的副院长，然后又由大而小。他是中院正处级副院长，组织让他到市法院当院长，基层法院是副处单位。有人笑他："你这个连长去作排长用呀！"他笑了笑："是副院长升为正院长了！"由副而正，肩上的担子当然重了，责任大了。他心中太知道大和小的意味，他豁然，或许此时才是他进入的大道之境。

这大道是他心中的大道、生命的大道，老子云："道可道，非常道。"道可谓之思想，天之道，地之道，人之道，三道于世，统辖万千。大道更是在此之上的统称，大道无形，然相随左右。无字天书中，分阴阳八卦，左天地更始，最终归于大道。孔子以为：大道之行也，天下为公，选贤与能，讲信修睦，让我们进入一个"大同"社会。如此，我们的严一林同志走的是如此一条道路，从小路到大道，最后是这么广阔的一个大道，这正是他生命的境界和哲学吧。

担任市法院院长以后，责任大了，担子重了。这是一个神圣的岗位，需要的是使命感和正义性。有多大的权力，就有多大的风险，你必须有着担当，你要接受这份重任带来的一切。50多岁了，严一林依然满怀豪情，他以为激情和执着是构建职业生涯的重要基石，只有点燃心中的火魂，才能更好地搞好工作。

严一林总结自己走过的路，感激生命中的那些引路人，因此他懂得与部属的沟通和关怀。懂得用结果说话，是必要的领导要素和职业要素。他始终思考小与大的辩证关系，小与大，因人而存在不同理解，其本质也有不同。他深刻领会“一屋不扫，何以扫天下”，而忌“我之才高八斗，怎能与乡野为伍”。他常常看得见小，因而超越、淡然。

作为一院之长，他从小入手，从细节做起，从关乎干警、关乎百姓的利益做起。“民为邦本”，百姓的事就是最大的事。作为领导干部，要有着草根情怀，把自己视为渺小，才能看到百姓的大，这也是为官的一种境界。一个人既要想到自己，更要想到群体和社会，自私自利为小，人民大众是大。

前任院长曹寸声等前辈已为法庭办公创造良好的环境，新的审判办公大楼矗立在博爱路旁，造型独特，气势恢宏。严一林在此基础上，对办公楼内外进行了绿化美化。使这里有着小桥流水，有着奇石大树，有着石家书画，办公大楼是中山市的标志性建筑，其文化的内核也是广东法院的一道亮丽的风景，也是严一林赴任的一大手笔。

完成了大手笔，他又有了小思维。他向市政申请土地、资金，建起法警训练基地。这个园林式的基地，背山面野，占地60亩，有着楼台亭阁、奇花异草、假山怪石。有宽敞的室内篮球、羽毛球、乒乓球场，有游泳池、射击场，还有着音乐厅和书画室等。这里，蕴含了文人们的优雅情趣、积蓄了艺术家超凡脱俗的美感。这里，远离繁华的闹市，营造了一片属于自我的寂静山林，这是人们梦想的天堂中的精神家园，给法院文化平添几许厚重。

这里的一花一树、一草一木、一书一画，都倾注了严一林的心血。

训练基地曾多次举办运动会，也经常接待国内知名书画家、诗人、作家和学者。用严一林的话来说就是以小小之地接待大大的名家。

训练基地是以严一林的畅想，创造了诗一般的世外桃源、梦幻之境，也是人们向往的现实之景，也使干警有了娱乐休闲和训练的场地。

每天早起，他都在思考一天的工作，写院长手记，时时自省，戒律自己，是否是一个合格的基层院长，是否为推动社会主义法制作了贡献。

大道奔流不息，小路平静寂静，但安逸释然。漫漫小路，演绎了沧桑岁月的传奇，那最美处好像是人们踏青观景的幽径。他终于卸下中山市第一人民法院院长的重担，夕阳跳动着云霞，流动着浓烈的色彩，变形汇合，离散循环。他似乎是更向往那曲径小溪，昏鸦枯树的自然之境。

这似乎是他生命的重新开始，依然地热爱自然，喜欢丈量大地，在乡间的一条小路上，放开他的心怀。在以后的日子，无论荆棘小路或金光大道，他会记起，不要让生命留有太多憾恨，不要在尘世中迷失自己，永远记住生命的大道。

后 记

公平和正义是人类的渴望，是存良知道义者的梦想。

罪恶为人类所致，冤屈当然也是人为。

包拯龙图的清正是一个历史，他使大宋的天空长久地绚丽。

每个人都有不同的梦与理想。

秦皇、商鞅和韩非，是千百年华夏人的魂。法在颠覆里重建，难免呼唤古坟那黑色亡灵，这是权威和精神的血缘。我不懂法，却有缘走近20世纪60年代以来中山县或市已退下来的8名法院院长，他们见证了新中国50多年来的法治进程。

陈年琐碎的往事，梦里依稀的喋血江湖。他们在全新的秩序里，是否走出了那冷硬的法鼎和汉武帝夺命的刀，还有，不堪重负的律法与陈旧的意绪。在一个旧世界倒塌时，是否又建造了一个曾经的世界。国难国殇和全新的社会主义，我们的老院长在有言、无言中维护和推进着法治。

法院院长具有神圣的使命，也许并非是他们的选择，既然历史已选择了他们，便要有着担当。

天道不爽，法以澄明。

他们从历史走来，沾了那个时代的印痕。

政治失去文明可酿成暴力和杀戮，法律失去正义将是冰冷的枷锁和出笼的野兽。新中国成立后，阶级斗争的国家意识形态对法律诸多侵袭，一段时期公检法被砸。法律在遮蔽中扭曲残缺，烛光照不亮的天空。老院长的生命在醒觉，呵护法和苍生。

大法无形，法活于法中，因清明生，以晦暗死。

他们存天良、藏血勇，渴望并葆有一代人正义的梦想。以善良和真诚，甄别时世的光荣与耻辱。

他们知道人间正道，人生伤痛，血的残流。他们挺身前行，让真理成为真理，正义照满大地。

一年多，我频频造访他们及其亲友，细聆岁月。往事如烟，如不说出便要随岁月流走。我试图为无名命名，让旧事复活。往事又并不如烟，我欲重拾那些真切的记忆。

匍匐着，我叩开那个年代的门。

老兵残喘，少了还原的能力，也乏力于完成大使命的鸿篇。

太多的严肃会变为语言的施暴，我坚持真正精神事物的严肃态度，相信精神强大者绝不当思想暴君。我在背叛里求真，事件中存刺，在被逐的异乡吟咏秋歌，回到帕那索斯山。

无耻可以抵达，真实或会速死。

写作是呕心的煎熬，但可以在虚幻里避难。

自由的精神，才产生桀骜不驯、充实自足的哲学和思想。

8位老院长与国家的命运荣辱相伴，他们关注众生和法律，国家让他们有了不一样的经历。苦难或幸福，都化为心中的力量，赋予生命的不屈和真诚，他们在法中寻梦。

《正义的梦想》是献给他们的颂歌。但我心生惶恐，这么庄重的题材在我的笔下如此浅薄，他们以血浸透的墨迹被我“花拳绣腿”一轮。对于一个作家，没有题材之分，只有作品优劣。自知弱肩担不起道义，让我在写作中露怯，缺乏瞬间整合之力，只能遗憾地呈佻薄。

好歹整成这些文字，我刑满释放，还囚室自由。

看着这些磨损的微音，幸福并痛。物质的富足是虚假的幸福，文字的光明和黑暗，伤残的途，没有彼岸。

不愿穿上皇帝的新衣赴一场盛宴，想着在一个黑夜走近蓝月亮。活着，一场幸运的灾难。

哲学家的女儿出生，哲学家死去。一本书完成，这本书已经结束。写作者不应就此夭逝，而要在涅槃中重生。

吴大勤

2013年6月于伶心岛